Thomas Wöhl

Mut-Gedanken für jeden Tag, 3-2024

Mut-Gedanken für jeden Tag 3-2024

Telefonandachten aus dem Jahr 2022

Thomas Wöhl

Bibliografische Information der Deutschen Nationalbibliothek:
Die Deutsche Nationalbibliothek verzeichnet diese Publikation
in der Deutschen Nationalbibliografie; detaillierte bibliografische Daten sind im Internet über http://dnb.dnb.de abrufbar.

Verlag: BoD • Books on Demand GmbH, In de Tarpen 42,
22848 Norderstedt
Druck: Libri Plureos GmbH, Friedensallee 273, 22763 Hamburg
ISBN: 978-3-7597-8791-0

Inhaltsverzeichnis

II

Es geht mir darum, Mut zu machen, biblisch kennen wir: *„Fürchte dich nicht"*. Der Gedanke, dass diese Aussage 365-mal in der Bibel steht, für jeden Tag des Jahres ein Mal, gefällt mir, auch wenn ich es nicht überprüft hab. Der „Philosoph" Janosch, ein Kinderbuchautor, sagt: Mut müsst ihr haben, ganz viel Mut. („Hasenkinder sind nicht dumm"). Das macht das Leben leichter.

Bei den kurzen Andachten gehe ich von einem Bibelwort aus und schlage eine Brücke in unsere Zeit. Ursprünglich waren die Andachten als Telefonandachten eingesetzt.

„Ein gutes Wort am Telefon" gibt es nicht mehr. In Zeiten von Corona bedingten Einschränkungen wurde diese Aktion im Kirchenkreis Kirchhain (Evangelische Landeskirche von Kurhessen-Waldeck) ins Leben gerufen. Jeden Tag konnten Menschen rund um die Uhr anrufen und bekamen dann „ein gutes Wort am Telefon. Dieses Angebot wurde jeden Tag von 100 bis 150 Menschen genutzt.

Ich heiße Thomas Wöhl und bin Prädikant, das heißt, ich darf ehrenamtlich alle Aufgaben übernehmen, die sonst ein Pfarrer oder eine Pfarrerin wahrnimmt. An der Aktion „Ein gutes Wort für jeden Tag" hatte ich mich beteiligt.

Mir gefiel es, über das Medium Telefon noch mehr Menschen und ganz anders erreichen zu können.

Die Aktion ist eingestellt, aber meine Beiträge habe ich gesammelt, so gibt es die Möglichkeit, hier die Gedanken und

Andachten nachzulesen. – Die einzelnen Beiträge sind in sich abgeschlossen, so dass nach Belieben „gestöbert" werden kann.

Mit den Mut-Gedanken für jeden Tag, Band 1 und Band 2, liegen erste Teile vor. Der 3. Band ergänzt die Andachten. Hier ist die Kirchenjahreszeit von Epiphanias bis zu den ersten Sonntagen der Trinitatiszeit in den Blick genommen.

Einige Anregungen habe ich aus den Predigtmeditationen im christlich-jüdischen Kontext, andere sind durch Gespräche oder Lektüre zu mir gekommen und fließen mit ein, ganz im Sinne von Fulbert Steffensky „Geschichten gehören nicht denen, die sie schreiben, noch denen sie erzählen, ... Geschichten gehören denen, die sie brauchen können." Wenn ich ein Gebet von anderen direkt übernommen oder mich habe bewusst inspirieren lassen, ist es entsprechend in einem Verweis angegeben.

Das Thema der Andacht, eine entsprechende Bibelstelle und das Datum, wann die Andacht zu hören war, ist jeweils angegeben. Wenn ich auf Bilder oder nicht so bekannte Lieder verweise, ist jeweils ein QR-Code integriert, der hör- oder sichtbar macht.

Viel Freude beim Entdecken.

Thomas Wöhl

1. TRÄUMEN HILFT

6. Januar 2022 – Matthäus 2,1-12

Die Weihnachtsgeschichte ist brutal ...: Zuerst findet das junge Paar keinen Platz in der Herberge, dann wird das frisch geborene Kind in einem Stall oder einer Höhle in eine Krippe gelegt ... stellen wir uns nur mal vor, einem Paar heute würde es so ergehen: sie erwarten ein Kind und es gibt keinen Raum... –

Gott sei Dank, dass wir Krankenhäuser haben...

In Bethlehem geht es brutal weiter, es gibt zwar Geschenke von den Weisen oder den Königen, ... aber dann, so schreibt es Matthäus im 2. Kapitel seines Evangeliums, droht Gefahr von König Herodes.

Der fühlt sich von dem neugeborenen König, dem Kind in der Krippe, bedroht ... Ein neuer König – das ist einer zu viel ... Wer die Macht hat, will sie allein.

Wer oben ist, will oben bleiben ... meist durch

Macht und Lüge,

Macht und Intrige,

Macht und Gier,

Macht und Hinterhältigkeit –

all das hat lange Tradition unter Menschen ... ist gesättigtes Erfahrungswissen von uns allen, all das wird uns hier wie in einem Brennspiegel vor Augen geführt ... Es ist unsere Welt, die beschrieben wird ... Es sind unsere Erfahrungen.

So also ist die Welt ... so ist das Leben ... Die Weihnachtsgeschichte ist eine Geschichte von unserem Leben und aus unserer Welt.

Die Weisen aus dem Morgenland, so die Order des Herodes, sollen den neugeborenen König finden und dann nach Jerusalem zurückkehren und Herodes berichten...

Manchmal gibt es kleine Hoffnungszeichen, wenn kleine und große Halunken überführt und sogar bestraft werden ... wenn sich Menschen allein oder in einer Gruppe wehren gegen Machtmissbrauch in Kirche und Gesellschaft ... oder sich gegen Fremdenfeindlichkeit stellen ... für Menschen auf der Flucht einsetzen.

Die Bibel macht Hoffnung, sie erzählt, wie es mit den Weisen aus dem Morgenland weitergeht: (Matthäus 2, 1-12, BasisBibel)

Gott befahl ihnen im Traum: „Geht nicht wieder zu Herodes!"
Deshalb kehrten sie auf einem anderen Weg in ihr Land zurück.

Hier ist eine Geste der Hoffnung,

der Hinweis auf Erlösung.

Der Traum der drei Könige.

Drei gekrönte Häupter unter einer Decke.

Eine nächtliche Pause, bevor es zurückgeht ins Spiel der Macht.

Von Herodes kommen sie her,

angebetet haben sie das Kind,

zu Herodes sollen sie zurück.

Das ist der Deal.

Jetzt aber schlafen sie.

Ruhen sich aus.

Eingehüllt in eine Decke.

Schützend ... geborgen.

... in unendlicher Sanftheit kommt ein Engel.

... lässt zwei der Könige weiterschlafen.

gönnt ihnen die Ruhe.

Behutsam und leise weckt er den obersten König.

Nur er hat die Augen geöffnet.

Sanft berührt der Engel, mit nur einem Finger, die einzig freie Hand, den Ringfinger des Königs.

Mit der anderen Hand weist er auf den Stern, der den rettenden Umweg zeigt.

Eine Berührung von unendlicher Sanftheit.

Nichts Lautes,

nichts Brutales,

keine brachiale Rettungsaktion,

kein Blitz,

kein Donner,

keine Rache für die Opfer.

Der Engel bleibt diskret im Hintergrund...

lässt alles in der Schwebe.

Aber er gibt den rettenden Hinweis...

weist in den Himmel und berührt sanft den Menschen.

So vermittelt der Engel zwischen Himmel und Erde,

zwischen Rettung und Intrige,

zwischen Erlösung und Kindermord.

So also denkt die Bibel göttliches Eingreifen in menschliches Machtgebalze:

diskret,

im Hintergrund.

Gegen die Brachialität der Macht ... die Sanftheit des Engels,

gegen das menschliche Machtgetöse am Tage ... ein rettender Traum in der Ruhe der Nacht, ...

gegen die Verletzungen durch Intrigen und Gehässigkeiten – eine heilsame Berührung durch den himmlischen Boten...

Vielleicht ist uns das auf den ersten Blick zu wenig ... Vielleicht wäre es uns lieber, Gott hätte den drei Weisen den Auftrag gegeben, Herodes ultimativ um die Ecke zu bringen ... oder

Gott hätte zumindest den Kindermord durch direkte machtpolitische Intervention verhindert.

Manchmal hätten wir das wohl gerne: Dass Gott direkt eingreift ... Wir fragen uns: Warum hat Gott das Böse nicht verhindert? – Warum ist er dem Bösen nicht in die Arme gefallen? –

Gott ist anwesend, ... aber nicht lautstark ... er greift nicht gewaltsam ein ... Davon erzählt diese Geschichte...

Erlösung und Hoffnung kommen anders als erwartet in die Geschichten unserer Welt: ...

leise,

Wer die zarte Berührung durch Gott spürt,

nachts im Traum, wenn er nichts dazu tun kann,

schlafend, ... wo wir uns entzogen sind,

orientierend, ... wo wir uns verstrickt haben,

nichts vorschreibend, ... aber auf Rettung hinweisend,

ein solcher Mensch wacht auf,

entdeckt den rettenden Stern,

meidet die Machtspiele des Tages,

weicht aus,

geht behütet auf anderen Wegen durchs Leben.

Vielleicht auf Umwegen,

aber berührt und geweckt vom himmlischen Boten.

Zu sehen ist diese Szene in Autun in Burgund, an einem Säulenkapitell der Kathedrale Saint-Lazare... (QR-Code)

Ganzjährig erinnert die Darstellung daran, dass Weihnachten so brutal ist wie das Leben ... und dass Gott in unendlicher Zartheit eingreift, auch wenn die Welt noch so gottlos wirkt ... dass himmlische Boten unseren

Gang durch diese Welt auf gute Wege lenken, ihn begleiten ...
und uns bewahren. –

Ich weiß nicht, ob du und Sie viel träumen ... aber wir können die Welt anders träumen, ... wir dürfen Mut haben zu verändern, zu gestalten ... womöglich beginnt alles mit dem Blick
auf andere Menschen: das Gute im anderen zu sehen, ... die
Zeit und das Erleben mit anderen als kostbar anzunehmen ...
als Geschenk...

Gott stärke uns in dieser Hoffnung und mache uns wach und
aufmerksam für die Stille und Sanftheit seines Seins und seiner
Berührungen. – Amen.

23. Januar 2022 – Johannes 4,46ff.

Wenn unser Leben aus dem Gleichgewicht gerät, brauchen wir Mitgefühl, … jemanden, der Anteil nimmt. – Das gilt für alle Krisen, auch für Krankheiten … Eckhart von Hirschhausen schreibt in einer Kindheitserinnerung: „Wenn ich als Kind hingefallen war, tröstete mich meine Mutter. Sie pustete und sprach die magischen Worte: «Schau mal, mein Kind, da fliegt das Aua durchs Fenster!» Und ich habe es wirklich fliegen sehen. Sogar durch geschlossene Fenster."[1]

Mitgefühl wirkt und hilft, … „Manchmal braucht es nur jemanden, der dich einfach in den Arm nimmt und pustet!" Das hilft auch jedem Erwachsenen, der „an die Flugfähigkeit von Schmerz nicht mehr glauben kann oder mag." –

Sehr ähnlich und doch anders erzählt der Evangelist Johannes im 4. Kapitel wie Jesus hilft, auch wenn er nicht pustet…

Das Kind eines königlichen Beamten hat *„hohes Fieber in einer Krankheit, die zum Tode führen wird"* … Der Vater lässt sein sterbendes Kind in seinem Landhaus am See Genezareth versorgen und sucht Jesus im Gebirge in Kana auf, wo dieser Monate zuvor Wasser zu Wein verwandelt hatte … Das war auf einer Hochzeit, einem feucht-fröhlichen Gelage, … doch nun kämpft er gegen die Tränen angesichts einer drohenden Grablegung … In so einer Situation Hilfe zu holen mit einem berg-

---

[1] Hirschhausen, Eckhart von, in: https://www.uni-bonn.de /de/universitaet/presse-kommunikation/presseservice/archiv-pressemitteilungen/2018/201edas-aua-fliegt-durchs-fenster201c-2013-medikamente-und-worte (28. August 2024)

auf-Ritt über 40 km - beschleicht Verzweiflung ... Was, wenn der Vater zurückkommt mit der Ablehnung, der bekannte Rabbiner Jesus darf nicht helfen im Hause eines Heiden? – Ich denke an Zeiten, in denen meine Tochter als kleines Baby hohes Fieber hatte, da fühlte ich mich hilflos...

Zwei Sätze bringt er heraus, der Staatsdiener ... Mit zwei Sätzen antwortet Jesus ... Dieser kurze Dialog verändert die Todesgefahr in Lebensmut, verändert Lebensstil und Konfession ... und er erweitert den Rabbi zum Heiland der ganzen Welt...

Der erste Satz wird von dem Evangelisten nur indirekt berichtet ... Johannes nennt ihn beharrlich nur *„Mann"*, sozusagen „Herr Mustermann" ... karrieremäßig hochgestellt, religiös stromlinienförmig und väterlich leidenschaftlich ... Er riskiert viel, auch eine Belehrung, die zwar alle betrifft, ihn aber nur als Anlass benutzt ... Es rettet nicht sein Kind, wenn Jesus über ihn hinwegschallt: *„Wenn ihr nicht Zeichen und Wunder seht, so glaubt ihr nicht."* – Der kämpfende Vater will nicht Voyeur werden, er will sein Kind zurück ins Leben ... Deshalb forciert er in seinem zweiten Antrag den Zeitdruck und die dringende Bitte: *„Herr, komm herab, bevor mein Kind stirbt!"* – Das fokussiert Jesus, er sagt zu ihm: *„Geh, dein Sohn lebt!"* –

Gern würde ich neben dem Mann nach Hause gehen ... geht er nachdenklich, traurig wie die Emmaus-Jünger(?) ... oder tanzt er wie in einem Hollywood-Musical? – Wird er noch vor dem Einbruch der Nacht sein Kind beerdigen müssen oder wird er seine Genesung feiern, ein neues Leben? – Doch schon ereignet sich das nächste Wunder ... Seine Sklaven kommen ihm entgegengerannt: *„Dein Kind lebt!"* rufen sie, das verloren Geglaubte war also wieder ins Leben zurückgekehrt ... für den Evangelisten ist er nicht mehr „Mensch", sondern „Vater": –

Nach dem Erlebenswunder des Glaubens folgt ein Beziehungswunder: Der Vater *„glaubte mit seinem ganzen Hause"* ... Er bewegte die Worte nicht nur in seinem Herzen, er konvertierte mit seiner ganzen Familie.

Wohin bewegt uns diese Geschichte? – Das Wunder dieser Geschichte lässt sich nicht im strengen Sinn empirisch beweisen ... Gegenüber einem naturwissenschaftlich orientierten Verstand hat es schlechte Karten ... Wundergeschichten beziehen sich auf den Bereich der Erfahrung, der Hoffnung ... sie sind Teil des Glaubens ... Sie bestärken uns darin, die Welt und unser Leben nicht im Sichtbaren oder Beweisbaren aufgehen zu lassen ... Wunder sind nicht postfaktisch, ... nicht losgelöst von Erfahrungen und Wissen, ... sie ermutigen uns, unsere Erfahrungen sorgfältiger zu lesen und unserer Phantasie eine Wohnstatt zu geben.

Wunder erkennen wir daran, dass wir sie nicht machen können, - dass sie aus den uns vertrauten Wirkungszusammenhängen herausfallen, engelsgleich in unser Leben einfallen und dieses verändern. – Wir haben wohl alle schon einmal Wunder erlebt ... aber vermutlich sind sie uns selbstverständlich geworden ... Wir haben sie in unser Leben integriert ... An manches, was uns einst wie ein Wunder vorkam, haben wir uns mittlerweile längst gewöhnt:

- Die Freundschaft wohlwollender Menschen, - eine wunderbare Kraft in einer schweren Aufgabe, - ein siebenfach verschlossenes Lebenstor, das dann doch einen offenen Spalt bekam, - eine Genesung in großer Seelennot, - eine Flucht übers Mittelmeer, die gelingt, - die Geburt eines Kindes...

Wundergeschichten helfen uns, unser Leben tiefer zu verstehen, weil wir nicht bei der vermeintlichen Vorherrschaft der

Fakten stehen bleiben ... Durch sie befragen wir das Selbstverständliche auf das, was längst nicht selbstverständlich ist.

Wundergeschichten sind die Einladung, gelegentlich im Leben innezuhalten und sich mal wieder zu wundern ... über all das, was uns so selbstverständlich ist und was es doch bei näherer Betrachtung nicht ist.

Wundergeschichten sind notwendig, damit wir hinter das Sichtbare schauen...

Es sind kleine Gesten, die uns gelingen können, weit unterhalb der ganz großen Wunder ... Keiner von uns wird sich daran abarbeiten müssen, Menschen aus dem Rollstuhl und wieder auf die Beine zu bringen ... aber der kleine Hauch kann uns gelingen, das kleine Wegpusten des „Großen Aua". –

Nicht immer geht es dabei um körperliche Heilung ... aber wenn wir einen Wundschmerz oder einen Lebensschmerz wegpusten, hauchen wir dabei Gottes Heiligen Geist weiter.

Der trägt uns ... so, wie Rose Ausländer es in einem Gedicht beschreibt:

Über dir

Sonne Mond und Sterne

Hinter ihnen

unendliche Weiten

Hinter dem Himmel

unendliche Himmel

Über dir

was deine Augen sehen

In dir

alles Sichtbare

und

das unendlich Unsichtbare

– Amen.

3. GOTTES NAMEN

4. Februar 2022 – 2. Mose 3, 1-14

Namen sind wichtig, schon nach der Geburt eines Kindes wird danach gefragt, ... schließlich braucht das Kind einen Namen. – Hast du, haben Sie, haben wir einen für Gott? –

Mit Konfirmanden habe ich mir immer viel Zeit für die Frage genommen, wie wir Gott nennen können. Wir haben uns auch angesehen, wie Mose auf dem Berg Horeb Gott begegnet. Aufgeschrieben ist es im 2. Buch Mose im 3. Kapitel: es ist etwas im Busch ... Mose ist Hirte, die Schafe grasen friedlich in der Sonne oder dösen im Schatten der wenigen Sträucher, als plötzlich etwas in diese beschauliche Stimmung einbricht: Ein Feuer, wie er es noch nie gesehen hatte ... Ein dorniger Busch steht lichterloh in Flammen. Aber dieser Busch scheint nicht zu verbrennen ... seltsam.

Was hier erzählt wird, bleibt ein Geheimnis ... Rätsel können wir lösen ... Geheimnisse wollen bestaunt sein.

„Zieh deine Schuhe aus.“ – Ist das Erste, was er hört, es ist eine Warnung an Mose, wähnt der sich gefressen von einem Auftrag, sieht er sich lodern als Gottes Feuer? – Hört er bei allem Aufbrausen die Warnung: Bis hierher und nicht weiter? Verunreinige nicht, näher dich auf Zehenspitzen ... Ich bin Gott und du bleibst Mensch ... Aber: Ich sende dich. – Oder: *„Ziehe deine Schuhe aus“* eine Einladung, zu Nähe, zu Entwaffnung und Vertrautheit? –

Gott will Mose zum Pharao schicken. Er spürt, dass Gott ihm auferlegt, was er sich seit langem ersehnt: gesandt zu sein vom Herrn der Geschichte. – Doch da ist Zögern ... Bei allem Leuchten fragt Mose: *„Wer bin ich, dass ich zum Pharao gehe“*? – Ich bin gesandt, aber bin ich auch geschickt genug. – Ich weiß doch nicht mal wer mich sendet.

Gott, JHWH, ist ... Name ... und Geheimnis ... Der Name steht für das Wesen ... ist Erkennungszeichen. – Das Kind muss einen Namen haben. – Liebenden klopft das Herz, wenn sie nur den Namen des/der Geliebten hören ... Wer mich beim Namen ruft, ist für mich da. Rufe ich Menschen beim Namen, sind sie da für mich und ich bin da für sie, selbst wenn wir gar nicht an derselben Stelle sind. – Wie nahe sind selbst ferne Menschen, wenn ihr Name im Gebet genannt wird ... und im Namen Jesu beten wir: *„Geheiligt werde dein Name"* ... Biblischer Glaube legt Gott nicht in einem Begriff fest, biblischer Glaube legt Zeugnis ab vom Namen.

Der Name Gottes, JHWH, der von Juden nicht ausgesprochen wird, bedeutet: *„Ich bin, der ich bin. – Ich bin, die ich sein werde. – Ich werde sein, der ich sein werde. – Ich werde sein, die ich war."* – Es gibt viele Möglichkeiten, Gottes Namen zu übersetzen ... Alle sagen: „Gott ist Da-Sein, Wirksam-Sein, Mit-Sein, Für-Sein, Für-uns-Sein." – Alle verheißen: „Mein Dasein ist da-sein für euch." Darin verhüllt sich Gott ... und zeigt sich. – Gott können wir erfahren, begegnen im Werden des Lebens.

„Wer Gott begegnet," sagt der jüdische Philosoph und Bibelkundige Martin Buber[2], „empfängt eine Gegenwart, eine Gegenwart als Kraft": der Lufthauch, der überall weht, ohne dass ich ihn spüre – außer im eigenen Atem; das Feuer, das überall lodert, ohne dass ich es merke – außer im Licht und in der Wärme

---

[2] Buber, Martin, in: https://jochenteuffel.com/2022/11/01/martin-buber-ich-und-du-gott-nimmt-so-durfen-wir-nun-sagen-seine-absolutheit-in-die-beziehung-mit-auf-in-die-er-zum-menschen-tritt-der-mensch-der-sich-ihm-zuwendet-br/ (28. August 2024)

des Lebens; die Musik, die ewig spielt, ohne dass ich sie höre –
außer in der Grundmelodie des Daseins.

Gott lässt sich vom Schicksal der Menschen berühren, dass
zeigt der Auftrag an Mose: Menschen leiden, sie werden als
Sklaven missbraucht, sie erleben Ungerechtigkeit. Er hat sie,
die Israeliten in Ägypten, schreien gehört und ihre Not gesehen
… und er sieht Not auch heute, wo Menschen trauern, - einsam,
manche auch depressiv sind oder an den Rand gedrängt werden.

Gott lässt sich anrühren. – Im Leid verstummen Menschen
nicht, sie klagen nicht über Gott, sie klagen zu Gott … Das tun
sie mitten im Elend, in der Verwüstung und im Schmerz … Sie
haben Stimmen, und Gott hört sie.

Aber es sind Menschen nötig, die sich schicken lassen … Gott
will Mose schicken … und dem ist angst und bange.

Mose sucht nach Sicherheit und fragt, wenn ich den Israeliten sage: *„Der Gott eurer Vorfahren hat mich zu euch geschickt', und sie mich fragen: ‚Wie ist sein Name?' – was soll ich
ihnen dann sagen?"*

Gott antwortet ihm: *„Ich bin der: Ich-bin-für-dich-da und ich
werde sein, der ich sein werde." Und er fügt hinzu: „Sag zum
Volk Israel, der Ich-werde-sein hat mich zu euch geschickt."*

Einige Einwände und Zweifel waren noch zu überwinden …
Das Gespräch mit Gott dauerte eine Zeitlang an, am Ende kann
Mose sich doch ganz auf dieses Versprechen einlassen und die
bevorstehende Aufgabe anpacken … Er geht nach Ägypten und
erzählt seinen Leuten dort von diesem Gott, dessen Name *„Ich-
bin-für-dich-da"* ist.

Die Flammen im Dornbusch, die ihn am Anfang erschreckt
hatten, waren ihm zum wärmenden Feuer geworden, zum Licht

auf seinem Weg, zum Leuchtfeuer, das ihm Orientierung gegeben hat.

Dir und Ihnen wünsche ich ähnliche Erfahrungen mit Gott … Er kann auch uns, mitten im Alltag, ganz plötzlich begegnen … im freundlichen Lächeln eines anderen Menschen; … zwei leuchtende Augen eines Anderen oder eine Umarmung, die daran erinnern und uns zusagen Gott ist der: Ich-bin-für-dich-da…

Es passiert auch an den Grenzen des Lebens: Menschen erleben im Alltag ihrer Krankheit und ihres Leidens plötzlich, dass Gott ihnen beisteht und sie aus der Krise herausführt und befreit …

Durch Schicksalsschläge, Krankheit oder die Gleichgültigkeit und Gehässigkeit anderer, geraten Menschen an so dunkle und tiefe Punkte in ihrem Leben, dass sie nicht mehr weiterwissen … Einige zerbrechen daran, anderen gelingt nicht, was sie sich vorgenommen haben, Menschen auf der Flucht sterben… trotzdem: Gott ist da – wenigstens das. – Für manche zu wenig. Für manche nicht spürbar und nicht erlebbar … trotzdem: Er ist da.

Der Blick darauf ist getrübt. Die Tränen versperren die Aussicht … Sprachlosigkeit lähmt oder lässt einen Wortschwall nach dem anderen herausbrechen. – Und immer wieder das Bemühen, Worte gegen die Angst und das Dunkle zu finden und offene Ohren, die bereit sind zuzuhören.

In allem ist Gott da. –

Und: Wer bin ich? – Ein Mensch, der nicht alleine ist … begleitet … auf dem Weg zu anderen Menschen. – Amen.

4. WORTE

20. Februar 2022 – Jesaja 55, 6-12

Das Wort, das die Welt erschafft, ... trauen wir dem Wort noch solche Kraft zu? – Wir leben in einer geschwätzigen Zeit: auf allen Kanälen schallen uns Worte entgegen, - brabbelt, - schnattert, - schreit, - dröhnt es. „Worte, Worte, nichts als Worte", lässt Goethe seinen Faust stöhnen ... Wir sind einer Inflation der Wörter ausgesetzt ... Hat da das einzelne Wort noch eine Chance? – Dringt es durch, oder geht es unter im multimedialen Rauschen? – Hat das einzelne Wort noch Macht? – Sind wir nicht längst dagegen wie immunisiert, ... haben die Ohren auf Durchzug gestellt?

Wir erleben, welche Macht Worte haben: Das Wort kann kräftig sein, *„lebendig und scharf"*, dass es eine eigene Lebenswirklichkeit schafft, eine heile oder auch heillose Welt: „Ich liebe dich", sagt der Geliebte ... und die Welt wechselt ihre Farbe ... himmelblau überzieht die gerade noch grauen Fassaden ... oder rosarot ... Der Herzschlag beschleunigt sich, der Rücken wird gerade, der Gang aufrecht ... Ein Unbekannter lächelt mich an, ... „Ich liebe dich", hat mir jemand gesagt, und die Welt ist eine andere geworden...

Andererseits: wer einmal Opfer eines bösen Gerüchtes geworden ist, weiß, wie Wörter das Leben vergiften und Beziehungen zerstören können ... Worte haben Macht ... Worte können Einsamkeit beseitigen oder in Einsamkeit stürzen, sie können heilen oder verletzen, sie führen uns in Zonen der Versuchung, ... sie geben den

Blick in den Himmel frei ... oder in die Hölle ... Worte sind niemals nur „Worte, nichts als Worte" ... das Wort hat Macht.

Bei Jesaja lesen wir im 55. Kapitel: *„Das Wort, das aus meinem Munde geht: Es wird tun, was mir gefällt, und ihm wird gelingen, wozu ich es sende."* – Das Wort Gottes hat Macht ... Das Wort ist - eine Kraft, - eine Energie, die alles verändern kann ... weitergesprochen von Menschen, durch die Generationen und Zeiten, büßt es nichts ein von seiner Wirkkraft...

Manchmal fürchten sich gerade die Mächtigen vor solchem Wort: – *„Schwerter zu Pflugscharen"* ... Wer dieses Wort, gesprochen durch den Propheten Micha, in den Mund nahm oder auf ein Transparent schrieb, musste mit der repressiven Macht der DDR rechnen ... Auch wenn wir heute, im Angesicht der Krise in der Ukraine und anderswo, immer noch auf die Erfüllung der Verheißung warten, haben die Mächtigen immer schon befürchtet, dass sich hier eine Macht zu Worte meldet, die sich verbreitet und die Wirklichkeit schafft, die es benennt...

Wir hören die Worte ... und schon stehen uns Bilder vor Augen: *„Schnee und Regen, die aus dem Himmel herabfallen und die Erde bewässern, sodass die Saat aufgehen kann"* ... alles eingewoben in ein Bild, das die Schöpfung umfängt: eine jauchzende, strahlende Schöpfung, die wie ein großer Chor das Lob Gottes singt in Ewigkeit ... So wird es sein, sagt der Prophet ... so ganz anders als alles, was ihr bislang kennt ... indem er die Worte ausspricht, ist es, als schöbe sich schon ein Stück der Zukunft in unseren Horizont...

Aber ist das nicht der Traum eines Propheten, der nicht ahnen konnte, wie es weiterging? – Der noch nicht wissen konnte, wie wir die Schöpfung quälen ... und wie die Erde stöhnt unter dem Gift, das wir freisetzen? – Wie die Bäume ihre Kraft verlieren und das Land unter der Sonne verdorrt? – Wie die Polkappen abschmelzen und das Wasser das Land frisst. – Die Dämme gegen das Unheil müssen höher und höher gebaut werden, und können doch nicht verhindern, dass die Armen der Welt weggerissen werden von stinkenden Fluten.

Das konnte der Prophet nicht ahnen ... Aber auch sein Traum wuchs nicht aus dem Überfluss oder einem friedlichen Glück ... Die Bilder der Verheißung erheben sich aus dem Leiden, aus Bitterkeit, Ungerechtigkeit und Not ... Es ist der Traum eines Volkes, das verfolgt und gehetzt wurde, deportiert, geknechtet, ausgebeutet ... dem sich die Erfahrung der Heimatlosigkeit ins kollektive Gedächtnis eingezeichnet hatte, ... das sich nach Frieden sehnt, nach einer Hoffnung, die, durch das Tal der Tränen hindurch, einen Weg in die Zukunft öffnet. *„Ihr sollt in Freuden ausziehen und im Frieden geleitet werden"*, so das Wort, das über sie kommt wie ein Sommererregen auf trockenes Land...

Es bleibt die schmerzhafte Differenz zwischen der Verheißung und der Erfahrung ... aus dieser Differenz kriecht der Zweifel hervor, ob dieses göttliche Wort wirklich Kraft besitzt, ... ob es die Welt verändert und eine neue Wirklichkeit schafft. – Aus der Differenz kriecht auch die Verzweiflung hervor, ... die Ahnung, dass wir selbst schuld sind an den Katastrophen der Welt, ... die Ahnung, dass wir zerstören, wovon wir leben und nicht aussteigen können aus dem Kreislauf, kann in die Verzweiflung treiben ... Wir haken uns darin fest, wie ein Vogel im Netz ... und finden keinen Ausweg.

„Meine Gedanken sind nicht eure Gedanken, und eure Wege sind nicht meine Wege..." – bei allem Suchen und Fragen, - bei allem stückweisen Verstehen, - bei allem gelingenden und misslingenden Leben, - bei allem Glück und Unglück, - bei allen Hoffnungen und Enttäuschungen, bleibt Gott Gott ... und damit für uns Menschen nur so weit verfügbar, wie er sich gezeigt hat und immer wieder zeigt.

Mit Luther ringen wir mit dem unbekannten, dem verborgenen, dem uns fremd bleibenden Gott, ... der der ganz andere ist, ... und zugleich hoffen wir auf ihn.

In einem Wort von Plaise Pascal[3] heißt es: In jedem Menschen ist ein Abgrund, den man nur mit Gott füllen kann. Glaube ist in letzter Konsequenz, mich und meine ganze Ohnmacht mit hineinzuwerfen in diesen Abgrund der Zufälligkeit und Sinnlosigkeit und darauf zu vertrauen, dass am Ende Gott auf mich wartet. Er die Hand aufhält im Dunkeln.

Glaube ist Vertrauen darauf, - dass wir Gott letztlich nicht fern sind, - Gott uns findet, wenn wir im Dunkeln tappen ... Das klingt wie selbstmörderischer Wahnsinn im Angesicht der Vernunft, die nach Beweisen fragt ... Vor dem Angesicht des Herzens ist es Glaube.

Jesaja spricht gegen die Sprache des Zweifels, die der unbewiesenen Behauptung, die des Glaubens: *„Gottes Gedanken sind nicht unsere Gedanken, seine Wege nicht*

---

[3] Pascal, Blaise, in: https://www.zora.uzh.ch/id/eprint/ 9713/1/HBl2008_1_2-2.pdf (28. August 2024)

*unsere. Sein Wort ist wie Tau, der vom Himmel fällt. Ihm
wird gelingen, wozu es gesandt ist. Es wird tun, was ihm
gefällt: Wir werden mit Freuden heimkehren und in Frieden geleitet.“*

Also: Gott ist schon lange da, ... er hat dich und mich
schon längst gefunden, ... er sieht die Not ... – Amen.

5. KRIEG IN DER UKRAINE

1. März 2022 – Lukas 1, 79

Paulus lädt uns ein, auf uns zu schauen, wie auf ein Wunder ...
So wie er das tut im Blick auf die Gemeinde in Thessaloniki:

Krieg in der Ukraine

Wir sind entsetzt, fassungslos.

Gott, höre unseren Schrei:

Sei bei den Menschen, die angegriffen werden.

Bei denen, die mittendrin sind in Zerstörung, Gewalt, Leid und Tod.

Bei denen die fliehen.

Bei denen, die sich und andere verteidigen.

Gott, mach dem Irrsinn ein Ende.

Bring die Verantwortlichen zur Vernunft.

Rüttle deine Kirchen auf, in Ost und West, dass sie mutig, konsequent und laut für den Frieden eintreten.

Du weißt, wir haben Angst und sind unsicher. Wie wird es weitergehen? Was können wir machen? Gib uns Kräfte und Ideen. Lass uns tun, was jetzt ansteht, auch wenn es etwas kostet.

„Richte du unsere Füße auf den Weg des Friedens."

Schon lange vorher gab es Vorboten: - 2008 der Überfall auf Georgien, - 2014 die Annexion der Krim ... und jetzt eine große Drohkulisse, - an der Grenze zur Ukraine waren in Russland Panzer und Soldaten aufgereiht. „Wir greifen die Ukraine nicht an", sagte Putin ... aber dann war es doch wie bei der Mauer, von der gesagt wurde, dass sie nicht gebaut werden würde ... Am Donnerstag kam das furchtbare Erwachen. Annalena Baerbock bringt es auf den Punkt: „Wir sind in einer anderen Welt aufgewacht." – Seitdem sehen wir vermittelt über

Nachrichtenkanäle: Bomben, die einschlagen, - Menschen auf der Flucht, - zerstörte Häuser ... Krieg in Europa ... „Putins Krieg" wird er manchmal genannt ... Es ist ein verbrecherischer Angriffskrieg, aber es reicht nicht, einen einzelnen Mann als alleinige Ursache und seine Beseitigung als alleinige Lösung zu sehen ... fast immer ist es falsch zu denken, es müsse nur dieser oder jener ... aus der Familie, der Klasse, der Gemeinde, der Welt ... entfernt werden, dann sei alles gut.

Putin ist nicht allein ... Ich vermute: würde ihn heute ein Herzinfarkt - eine Kugel oder Rakete - ereilen, wäre das System aus Unterdrückung, maßloser Bereicherung, Verblendung und Größenwahn, - das System von Polizei- und Justizterror nicht vorbei. – Nicht einmal die Männer und Frauen, die er in den Angriffskrieg in die Ukraine geschickt hat, könnten nach Hause ... Andere würden weitermachen, – außer dieser Weg wäre ihnen zu teuer.

Machtvolle Herrscher wie er sind mächtig, weil viele anderen davon profitieren: materiell oder ideell ... machtvoll ist, wer Interessen oder Stimmungen bedient. Das Böse ist systemisch, die Sünde steckt auch in den Strukturen: Zu Putin gehören das Oligarchensystem, die Militärelite oder die Energieindustrie ebenso dazu, wie die zaristische und sowjetische koloniale Großmachtstradition sowie eine in nationaler Engstirnigkeit gefangene religiöse Führungsschicht.

Auch in Deutschland gibt es Menschen, die sich an diesem System beteiligen und davon profitieren...

... und in der Ukraine leiden Menschen unter dem Machtstreben, der brutalen Gewalt, verlieren ihre Wohnung, harren in Bunkern und U-Bahnhöfen aus, fliehen vor dem drohenden Tod ... sind Opfer des Krieges, der dort geführt wird.

Wir sehen die Bilder und sind entsetzt über Gewalt, über Unmenschlichkeit ... Ich kann die verstehen, die am liebsten reinschlagen würden ... aber wären wir oder die Welt dann besser? –

Gott, mach dem Irrsinn ein Ende.

Bring die Verantwortlichen zur Vernunft.

Rüttle deine Kirchen auf, in Ost und West, dass sie mutig, konsequent und laut für den Frieden eintreten.

Du weißt, wir haben Angst und sind unsicher. Wie wird es weitergehen? Was können wir machen? Gib uns Kräfte und Ideen. Lass uns tun, was jetzt ansteht, auch wenn es etwas kostet.

„Richte du unsere Füße auf den Weg des Friedens."

Die letzten Worte sind aus dem Lobgesang des Zacharias und stehen bei Lukas im 1. Kapitel ... ein alter Mann singt in einer dunklen Zeit, ... er hat Heil erlebt.

Das Singen führt nicht zur Veränderung, aber es drückt aus, dass es anders geht. – Wir können den Frieden nicht herbeisingen ... Gewalt, Kugeln und Raketen gibt es trotzdem noch, aber wir können uns daran erinnern, dass es mehr gibt als das Denken machtverliebter Despoten.

Wir können uns daran erinnern und auch gern davon singen, wie Zacharias, dass Gott in den Alltag dieser Welt kommt ... in die Dunkelheit ... in die Tiefen des Lebens. Er bleibt an meiner und deiner Seite ... er macht Lust auf Veränderung. Der Welt hat er schon so manches Mal ein anderes Gesicht der Barmherzigkeit gegeben ... Er macht mir Mut, jeden Tag neu zu beginnen und weiterzugehen, auch wenn das Ziel noch weit entfernt ist, um das Unmögliche zu erreichen oder zu bewegen.

Gott gibt nicht auf, weder mit seinem Plan oder seiner Schöpfung ... und schon gar nicht uns.

Davon können wir singen ... Text und Melodie müssen wir vielleicht noch lernen ... aber Gemeinschaft hilft uns ... bei Friedensgebeten, Mahnwachen für den Frieden oder einfach im Alltag. –

Und solange Gott: mach dem Irrsinn in der Ukraine ein Ende, sei bei den Menschen, gib ihnen Mut ... bewahre ihr Leben, leite unser Denken und Handeln. – Amen.

6. FRIEDEN LERNEN

9. März 2022 – Jesaja 2, 4-5

In der letzten Woche, am Mittwoch, war ich auf einer Kundgebung gegen den Krieg in der Ukraine … Wasylisa Rokambole, eine junge Künstlerin aus Kiew, erzählte, wie geschockt die Menschen in der Ukraine vom Angriff der russischen Armee sind. Die Bomben, die Angriffe, die Gewalt sind grausamer Alltag geworden, auch Zivilisten sind nicht sicher … auf Wunsch ihres Vaters floh die junge Frau … für sie ist, so sagt sie, alles dunkel und hoffnungslos. „Ich bin in Deutschland, aber mein Herz ist in der Ukraine." –

Wie die meisten Menschen hier bange ich mit den Menschen in der Ukraine … Kein Land soll von einem anderen Land bedroht oder überfallen werden … mich beeindruckt, wie sich die Menschen in der Ukraine dem größeren Aggressor widersetzen. – Sogar unser Land unterstützt mittlerweile die Ukraine mit Waffen, damit sich die Menschen dort verteidigen können, - gut so - … aber wie lange das gelingt, kann niemand sagen … unabhängig davon, - das wissen alle -, die Krieg erlebt haben, zerstört Krieg alle Menschen, auch die, die mit heiler Haut davonkommen und deren Knochen ganz bleiben … Krieg zerstört Seelen.

Menschen erleben unsägliches Leid, ihnen wird genommen, was Zukunft, was Leben bedeutet … was ist nach dem Krieg? – Frieden schaffen wäre gut, aber was ist Frieden? –

Im Grunde geht es uns wie den Kindern in einer Geschichte, die Tolstoi erzählt:

Wie spielt man Frieden?[4]

Es gehörte zu den täglichen Gewohnheiten des Gutsbesitzers und großen russischen Schriftstellers, sich am Nachmittag im Park zu ergehen, der Natur nachzuspüren und die Gedanken kreisen zu lassen.

So war es auch an diesem Oktobertag, an dem die Sonne mit ihren Strahlen das Herbstlaub vergoldete. Welch friedliche Natur!

Auf seinem Weg störte ihn eine Schar halbwüchsige Buben, die mit Geschrei durch den Park tobten. Sie hatten sich mit Stöcken und allerlei Gerät bewaffnet.

Als sie geradewegs auf Tolstoi zustürmten, sah er zu seinem Entsetzen, dass einige größere auf zwei kleine einschlugen. Mit lauter Stimme gebot er Halt – verlegen und ängstlich versammelte sich die Gruppe um ihn.

„Welch schändliche Tat", herrschte er die Knaben an. „Wollt ihr euch gegenseitig totschlagegen?"

„Aber nein, Gospodin", antwortete ein Junge, der wohl der Sprecher der Gruppe war: „Wir spielen doch nur." –

„Und wie heißt dieses Spiel?" fragte der Gutsherr weiter. „Wir spielen Krieg."

Tolstoi schüttelte energisch den Kopf und entgegnete laut: „Krieg, Krieg - ihr solltet lieber Frieden spielen!"

Missbilligend den Kopf schüttelnd, ging Leo Nikolajewitsch weiter.

---

[4] Zitiert nach Siegfried Aust: Wie spielt man eigentlich Frieden? In: Bundesverband der Deutschen Volksbanken und Raiffeisenbanken (Hrsg.): Themenbroschüre zum Internationalen Jugendwettbewerb der Volksbanken, Raiffeisenbanken, Wiesbaden 1994

Auch die Jungen waren still geworden und steckten die Köpfe zusammen. Plötzlich rannte der Sprecher hinter Tolstoi her, zupfte ihn am Ärmel und fragte: „Bitte, Gospodin, wie spielt man eigentlich Frieden?" –

Wie spielt man Frieden? – Wie können wir Frieden leben, in Europa ... auf der ganzen Welt? – Jeder hat sicher ganz eigene Vorstellungen davon, wie das sein kann: - Lebensmöglichkeiten für alle Menschen, - die Chance das eigene Leben gestalten zu können ... gehören sicher dazu. Friede ist eine Aufgabe und lässt sich nicht mit Waffen sichern. Dietrich Bonhoeffer schreibt 1934: „Frieden ist das eine und große Wagnis und lässt sich nie und nimmer sichern."[5] Christus verbietet Krieg und ruft den Frieden aus „über die rasende Welt."

Mit Texten aus der Bibel können wir uns gedanklich immer wieder dem Ziel „Frieden" nähern.

Jesaja 2, 4-5: *„Und Gott wird Recht sprechen zwischen den fremden Völkern und richten zwischen vielen Völkern. Dann werden sie ihre Schwerter zu Pflugscharen und ihre Lanzen zu Winzermessern umschmieden, kein fremdes Volk wird mehr gegen ein anderes sein Schwert erheben, und niemand wird mehr Kriegshandwerk lernen. Haus Jakobs: Auf und lasst uns im Licht Gottes gehen!"*

Eine wunderschöne Vision hatte der Prophet Jesaja damals, vor fast dreitausend Jahren. – Eine Vision eben ... ein schöner Traum ... Schwerter werden zu Pflugscharen geschmiedet und Speere zu Winzermessern ... und alle Menschen hören auf Gottes Wort des Friedens. – Ja, wenn das so wäre...

---

[5] Bonhoeffer, Dietrich, in: https://www.dietrich-bonhoeffer-verein.de/dietrich-bonhoeffer/bonhoeffers-friedensversta-endnis/ (28. August 2024)

„Wer Visionen hat, sollte zum Arzt gehen", so wird Helmut Schmidt zitiert ... es war auch ein Seitenhieb auf Willy Brandt, der für sich in Anspruch nahm, visionäre Politik zu machen ... Schmidt war eher für das handfeste, real Machbare zu haben.

Ich vermute, dass beides wichtig ist, das Machbare im Blick zu behalten, Klarheit ... Aber was können wir ohne Visionen, ohne Hoffnung schon erreichen?

Von Saint-Exupery stammt der Satz[6]: Wenn Du ein Schiff bauen willst, dann trommle nicht Männer zusammen, um Holz zu beschaffen, Aufgaben zu vergeben und die Arbeit einzuteilen, sondern lehre die Männer die Sehnsucht nach dem weiten, endlosen Meer.

„Dann werden sie ihre Schwerter zu Pflugscharen und ihre Lanzen zu Winzermessern umschmieden, kein fremdes Volk wird mehr gegen ein anderes sein Schwert erheben, und niemand wird mehr Kriegshandwerk lernen. Haus Jakobs: Auf und lasst uns im Licht Gottes gehen!"

Es ist anstrengend, den Frieden zu lernen, so anstrengend wie Schwerter in einen Pflug umzuschmieden oder wie Spieße in Sicheln zu biegen ... Aus Kriegswerkzeug soll Werkzeug werden, um den Boden zu bestellen und zu bebauen. Wo das Kriegswerkzeug, die Schwerter und Spieße Leichengeruch und verrußte Ruinen und verwüstete Felder hinterlassen haben, soll nun das gleiche Material dazu dienen, das Land aufzuforsten und zu begrünen, ... damit aus Dunkelheit Licht werde und aus Zerstörung Zukunft.

---

[6] Quellen deuten auf Saint-Exupery posthum 1948 erschienen Roman „Citadelle" deutscher Titel „Die Stadt in der Wüste" bzw. engl. „The Wisdom of the Sands" hin.

Die Vision des Jesaja inspiriert und setzt Maßstäbe für unser Nachdenken über das Miteinander der Menschen: *„Alles was ihr wollt, dass euch die Menschen tun, das tut ihr ihnen auch"* (Matthäus 7,12), so sagt es Jesus in der Bergpredigt ... Gerechtigkeit, Toleranz, Respekt und Nächstenliebe ... Gottes Licht wird den Menschen den Weg zum Frieden weisen ... beschreibt Jesaja seine Vision von der Zukunft der Welt.

Das ist ein Weg ... ein schöner Traum ... mehr als ein Traum: Ermutigung, neue Wege zu gehen, im Vertrauen, dass Gott uns auf den neuen Wegen leitet und begleitet ... Den Menschen in der Ukraine und auf der ganzen Welt wünsche ich, dass wir diesen Traum nicht aufgeben. – Amen.

7. TRÄUME, DIE WIR DER WELT SCHULDEN

27. März 2022 – Jesaja 54, 7-10

Immer wieder fragen wir uns: „Wo komme ich her? - warum ist die Welt da?" – So fragen schon Kinder im Kindergarten ... Wir suchen unseren Platz in dieser geheimnisvollen Welt ... Wir wollen mehr sein als nur Staub, den Winde irgendwohin verwehen.

Die Nachrichten der letzten Wochen machen mich besinnungslos ... Krieg in der Ukraine, Menschen, die unsägliches Leid erleben; brutale Tyrannen, für die scheinbar Menschenleben keine Bedeutung hat ... und bei uns: immer mehr Menschen, die mit Corona infiziert sind. Wie können wir damit leben? –

Mit der Andacht möchte ich Ihnen Mut machen zu leben ...

In seinem Roman „Mein Jahr in der Niemandsbucht" erzählt Peter Handke von den Träumen seiner Kindheit „von denen ich überzeugt war, sie galten nicht mir höchstpersönlich, sondern ich schuldete sie der Welt"[7]. – Ein schöner Gedanke: Träume, die wir der Welt schulden, weil mehr an der Wirklichkeit entdeckt wird, als die Wirklichkeit aus sich selbst herauszusagen vermag ... Auch der Glaube darf mehr sehen und entdecken. – Das, was er mehr sehen und entdecken darf, schuldet er der Welt in der Verkündigung ... Predigt ist geschuldeter Traum. – Es geht um den Glauben. Darüber sagt Martin Luther: „Denn

---

[7] Handke, Peter, Mein Jahr in der Niemandsbucht, 1994, S.991

der Glaube ist nichts anderes, denn ein rechtschaffener Traum, in welchem ein Mensch sieht, was sonst niemand sieht."[8]

Das trifft auch auf die Menschen damals im babylonischen Exil zu, an die sich die Worte des unbekannten Propheten richten. Bei Jesaja im 54. Kapitel steht: *„Einen kleinen Augenblick habe ich dich verlassen"*, sagt Gott zu seinem Volk ... Einen kleinen Augenblick, der 50 Jahre gedauert hat.

Das ist eine kleine Ewigkeit ... Im Unglück vergeht die Zeit nicht. Im Rückblick der Geschichte sind 50 Jahre nicht viel. Im Rückblick auf ein Leben sind ein paar Jahre nicht viel ... Aber im Augenblick des Unglücks, des Zorns oder der Abwesenheit Gottes vergeht die Zeit nicht ... Dieser Augenblick wird als Ewigkeit erfahren.

Wie lange dauert ein Jahr der Trauer? – Wie lange dauert ein Jahr der Einsamkeit? – Wie lange sind 6 Wochen im Krankenhaus? – Wie lange ist man 4 Wochen getrennt von dem Menschen, den man liebt? – Wie lange sind 4 Wochen Krieg? – Es gibt Momente in solchen Zeiten, wo sich Abgründe auftun, die keine Vertröstung überbrücken kann.

Glauben heißt, mit Widersprüchen zu leben. Das gilt gerade hier ... Da predigt einer in schier auswegloser Situation; aber er lässt die Hoffnung nicht fahren. Seine Gemeinde besteht aus deportierten Israeliten, verschleppt nach Babylon, wo inzwischen der Kaiser Nabonid als Nachfolger des mächtigen Nebukadnezar regiert. Doch ob das für die Deportierten Linderung oder gar Freiheit bringt, wer will das wissen? – Zwar entwickelt sich in diesen Jahren um 550 vor Christi Geburt ein neues politisches Machtzentrum in Gestalt des persischen Reichs. Und

---

[8] Luther, Martin, in: https://docs.google.com/document/d/11CUTcWZQgxHUrxsPwyfghji0RuSOCmB-WMtxwMKnwl-U/edit?pli=1 (28. August 2024)

dessen junger Kaiser Kyros zeigt einen ähnlichen Herrscherwillen und eine vergleichbare Durchsetzungskraft wie vorher Nebukadnezar ... Aber wird es dadurch besser oder schlimmer? – Wer kann schon die Geschichte voraussehen?

Es werden wohl noch weitere zehn Jahre vergangen sein, bis sich die Dinge für die deportierten Israeliten zum Guten wendeten. Bis dahin war noch ein weiter Weg. Und doch nimmt der Prophet diesen Weg in großer Kühnheit vorweg. Er lebt so tief in der Frömmigkeit der Psalmen, dass ihm die Zeit des Leidens kurz wird im Vergleich zu der Zeit, in der Gottes Barmherzigkeit vor aller Augen liegt. So wie es der Beter des 30. Psalms vor ihm gesagt hat: *„Lobsinget dem Herrn, ihr seine Heiligen, und preiset seinen heiligen Namen! Denn sein Zorn währet einen Augenblick und lebenslang seine Gnade. Den Abend lang währet das Weinen, aber des Morgens ist Freude."* So sagt es auch der Prophet: *„Ich habe dich einen kleinen Augenblick verlassen, aber mit großer Barmherzigkeit will ich dich sammeln. Ich habe mein Angesicht im Augenblick des Zorns ein wenig vor dir verborgen, aber mit ewiger Gnade will ich mich deiner erbarmen, spricht der HERR, dein Erlöser."*

Glauben heißt, mit Widersprüchen zu leben, sie auszuhalten, weil wir der Gnade Gottes mehr zutrauen als seinem Zorn. – Der Glaube gibt nicht auf ... Er hält sich an die Gnade Gottes und findet darin Trost.

Die Wende vom Verhängnis zum Segen lässt sich im Bild der Sintflut fassen. Die Errettung aus einem kollektiven Verhängnis kann nicht eindringlicher geschildert werden, als im Bild der aus dem Verderben geretteten Familie Noahs sowie der in Noahs Arche aufgenommenen Tiere ... Der Regenbogen wird zum Zeichen eines Bundes, der bleibt: *„Solange die Erde steht, soll* *nicht aufhören Saat und Ernte, Frost und Hitze, Sommer und Winter, Tag und Nacht."*

Unser Prophet ist davon überzeugt, dass Gott sich an diese Zusage erinnert und hält sich deshalb inmitten aller Ratlosigkeit und Unsicherheit an der Zusage Gottes, die er in die Worte fasst: *„Ich halte es wie zur Zeit Noahs, als ich schwor, dass die Wasser Noahs nicht mehr über die Erde gehen sollten."*

Glauben heißt, aus der Tiefe auf Gott zu vertrauen ... Der Prophet in Babylon ist ein Beispiel dafür. Weil sein Gottvertrauen aus der Tiefe kommt, hat es immer wieder die Menschen ermutigt: *„Es sollen wohl Berge weichen und Hügel hinfallen, aber meine Gnade soll nicht von dir weichen, und der Bund meines Friedens soll nicht hinfallen, spricht der HERR, dein Erbarmer."*

Im Abgrund tritt der Gott der Liebe und der Zukunft an die Seite derer, die keine Zukunft mehr sehen und keine Zukunft mehr haben. – In den Bergwerken der Schmerzen bricht Gott Licht aus der Nacht. –

Wir dürfen mehr sehen und entdecken, als die Wirklichkeit auf den ersten Blick preisgibt. Mehrdeutig im guten Sinn ist das, was wir Realität nennen ... Sie braucht ihre Deuter, Dichter und Denker. Damit ihr Mehrwert nicht verloren geht.

So ist es auch mit dem Glauben ... Er braucht das Denken, Deuten und Dichten der Worte der Bibel. – Damit er an dem Mehrwert der Wirklichkeit nicht vorbeigeht. – Damit wir an dem Glanz Gottes nicht vorbeileben. – Damit wir in den abgründigen Ewigkeiten unseres Lebens und unserer Welt nicht stecken und stehen bleiben ... Sie sind tief und finster, aber die Gegenwart Gottes reicht tiefer. Der Glanz seiner Herrlichkeit nimmt es mit jeder Finsternis auf ... Seine Gegenwart durchbricht jede Gottverlassenheit.

Das kann uns Mut geben, mit Widersprüchen zu leben.

Dann gilt für uns, für die Menschen in der Ukraine und für uns alle: Dann wird der Abend wohl einmal dem Weinen gehören, aber der Morgen der Freude. – Amen.

3. April 2022 – Hebräer 13,13

Ein Mensch kehrt nach langer Zeit nach Hause zurück. Er hat viel durchgemacht: Hunger, Kälte, - Gewalt hat er am eigenen Leib gespürt. Gräueltaten und Elend hat er gesehen und geradeso den Krieg überlebt. Mit einem zerschossenen Knie und von Albträumen geplagt kehrt er in seine Heimatstadt Hamburg zurück. Alles ist anders ... Er selbst, die Mitmenschen, das Land, aber auch sein Zuhause. Nichts ist mehr, wie es einmal war ... Wie soll er sich da zurechtfinden? –

So erzählt es der Schriftsteller Wolfgang Borchert in einem Theaterstück: „Draußen vor der Tür". Im Januar 1947 hat der damals 25-Jährige das Stück innerhalb weniger Tagen niedergeschrieben.

Beckmann, die Hauptfigur, wird ohne Vornamen genannt. Das verdeutlicht die Verlorenheit, dieser „namenlose" Beckmann ist draußen. Draußen aus dem Alltag, draußen aus Grundvertrauen und Freude, draußen aus Zukunftsperspektive und menschlicher Zuneigung ... in jeder Hinsicht isoliert und weit entfernt von einem normalen Leben. Buchstäblich: „Draußen vor der Tür."

An diesem Ort sind ihm Menschen und Gott abhandengekommen ... Er schreit seinen Schmerz, seine Verzweiflung in eine verdunkelte Leere: „Wo, wo ist denn der alte Mann, der sich Gott nennt? Warum redet er denn nicht? Wo seid ihr denn alle? Warum schweigt ihr? Gebt doch Antwort. Warum gibt denn keiner eine Antwort?"

So wie Beckmann gibt es viele ... Menschen, die durch innere oder äußere Wirren in die Einsamkeit geworfen sind, wenn Ängste oder Sorgen das Leben übernehmen in Krankheit,

Verzweiflung, Not und Krieg ... ich sehe Beckmann auf der Bühne: einsam, fragend, tastend ... ganz auf sich selbst geworfen ... Der Hoffnungslosigkeit verfallen.

Die Versuchung ist groß sich in diesen Tagen ganz und gar mit ihm zu identifizieren. Sich wie in einem Strudel hineinzugeben und ausschließlich negativen Gedanken anzufüttern und zu befeuern ... Das Leidvolle nicht nur zu sehen und zu spüren, sondern es übermächtig werden zu lassen.

Das ist menschlich, ... verständlich ... die Unsicherheit treibt uns da hin ... es ist ein eingeschränkter Blick ... Wir können uns darin verlieren.

Dabei sind das Leidvolle und das Rettende verbunden, stehen nebeneinander, ganz im Sinne der jüdischen und christlichen Tradition ... Ich möchte auch in diesen Zeiten in der Spur der Hoffnung bleiben. Trotz und in allem daran festhalten, dass Gott uns sieht, um uns weiß, unsere Gebete hört und ... auf seine Weise hilft.

Heute ist der 5. Sonntag der Passionszeit, Judika. Im Hebräerbrief blickt einer auf den Leidensweg Jesus und deutet ihn. Da gibt es wie bei Borchert ein verzweifeltes Draußen-sein, aber eben auch Rettung. In dieser Ambivalenz steckt eine Kraft, die den Horizont öffnet. Ein bisschen wie ein Geländer, an dem ich mich festhalten kann für den Weg in die nächsten Tage und Wochen.

„Darum hat auch Jesus, damit er das Volk heilige durch sein eigenes Blut, gelitten draußen vor dem Tor. So lasst uns nun zu ihm hinausgehen vor das Lager und seine Schmach tragen. Denn wir haben hier keine bleibende Stadt, sondern die zukünftige suchen wir." (Hebräer 13,12-14)

In diesen drei Sätze aus dem Hebräerbrief ist alles konzentriert, was die Theologie zu bieten hat: Gotteslehre, Ethik,

Verheißung ... Sie werden in drei kleine Verben gepackt: leiden, tragen, suchen. Das ist Hilfe auch für uns: Mit anderen mitleiden, die Aufgaben zusammentragen und nach Lichtblicken suchen...

Als Einzelne und als Gemeinde werden wir hinausgerufen ... Wer hinausgeht zum Opferplatz, muss vieles hinter sich lassen: Häuser, Gemeinschaft, Kultur, Macht...

Aber: Was hilft es, wenn der Christus nur draußen auf uns wartet? – Was hilft es, wenn der Christus sich demonstrativ nicht eingemeinden lässt in das, was auf unserer Welt etwas gelten und gern ewig bleiben will? – Das Heil Gottes ist eben nicht anders zu haben, als draußen vor dem Tor, ohne die vermeintliche Sicherheit des Menschengemachten,...

Was für ein Trost, dass wir auf der Suche nach Gott nicht alle Wüsten dieser Welt und alle Wüsten unserer Seele durchstöbern müssen, ... er ist schon draußen vor dem Tor...

Der größte Schrecken ist der Tod geblieben: wir lieben das Leben ... und fürchten den Tod.

Wir wissen: Der Tod macht einsam...

Wer es schon mit dem Tod zu tun bekommen hat, kann erzählen, dass Freunde und Bekannte sich zurückziehen ... Kontakte schlafen ein ... Verlegenheit breitet sich aus unter den Fröhlichen und Gesunden, wenn Todkranke und Trauernde in der Nähe sind.

So, als wäre die Nähe zu ihnen gefährlich ... ansteckend ... Als wären sie in einem Sog, der alle mitreißt, die ihnen nahe kommen ... Ein Sog, der hinaus treibt vor das Tor.

Was fürchtest du, ... dass der Tod kommt? – Oder fürchtest du, dass Gott nicht da ist, wenn der Tod kommt?

Die Furcht vor dem Tod bekommt die Antwort: „Er kommt gewiss."

Die Furcht, dass Gott nicht da ist, wenn der Tod kommt, bekommt draußen vor dem Tor ein Bild gezeigt: Den sterbenden Jesus, der sein Leben in Gottes Hand zurück gibt ... Gott ist da ... wo die Einsamkeit unendlich groß wird ... wo die Gemeinschaft der Fröhlichen und Gesunden nicht mehr trägt.

So lasst uns nun zu ihm hinausgehen ... Nicht nur in diesem geschützten Drinnen ... in unserer Kirche werden wir Gott begegnen. – Auch draußen...

Denn Jesus ist draußen vor dem Tor gestorben ... und Gott war bei ihm. – Amen.

18. April 2022 – Lukas 24,13-35

Heute lade ich dich und Sie ein, gedanklich Kleopas und Simeon auf dem Weg von Jerusalem nach Emmaus zu begleiten: sie haben erlebt, wie Jesus verhaftet, verurteilt und getötet wurde ... Jetzt, so denke sie, liegt er im Grab und wir werden ihn nie mehr wiedersehen ... Während sie traurig miteinander gehen, kommt ein Fremder dazu und geht mit ihnen ... eigenartig und fremd ist die Geschichte wie Lukas sie erzählt, Jünger sind auf dem Weg nach Emmaus, ... der Auferstandene ... ein Fremder ... Einer, den man zufällig trifft, am Weg ... Einer, an dem man auch vorbei gehen könnte...

Einer, an dem man Gastfreundschaft üben kann. Als sie in Emmaus angekommen sind, sagen sie: *„Bleibe bei uns, denn es will Abend werden"* – das ist gelebte Gastfreundschaft gegenüber einem Fremden ... *„es will Abend werden"*, heißt: geh nicht allein in der Dunkelheit weiter, das ist gefährlich.

Eine traumhafte Geschichte ... Im Traum begegnen und begleiten uns manchmal Menschen, die unbekannt bleiben, die wir erst zu einer bestimmten Zeit erkennen.

Wieso diese Fremdheit? – Wieso begegnet der Auferstandene seinen Jüngern als Fremder? – Wieso dieses Nichterkennen? – Warum erkennen sie ihn nicht ... obwohl sie beinahe 3 Stunden gemeinsam unterwegs sind? –

Es ist nicht die einzige Geschichte, die von dieser Fremdheit redet: Im Johannesevangelium hält Maria Magdalena Jesus für einen Gärtner ... später, am See Genezareth begegnet der Auferstandenen den Jüngern ... sie erkennen ihn erst an der reichen Beute ihres Fischzugs ... Wieso diese Fremdheit? –

Mir kommt die Fremdheit entgegen ... fremd ist die Auferstehung und der Auferstandene auch der Welt meiner Erfahrungen...

Unsere Erfahrungen sind die Erfahrungen, die auch die Jünger gemacht haben ... Wir erfahren: dass Gewalt die Oberhand behält, wie zur Zeit in der. Ukraine ... dass der Tod unwiderruflich ist ... dass er uns von lieben Menschen trennt ... dass der Tod Beziehungen unterbricht, - abreißen lässt ... dass er traurig macht und Hoffnungen zerstört ... dass er gemeinsame Träume begräbt ... und dass wir nichts daran ändern können ... dass wir ihn hinnehmen, mit ihm leben müssen. – In dieser Realität unserer Welt wirkt der Gedanke der Auferstehung fremd.

Ein Fremder geht neben den beiden Jüngern her und sie unterhalten sich ... Ein Fremder: jemand aus einem anderen Land, ... aus einer ganz anderen Welt ... jede Erfahrung und Begegnung mit einer anderen Welt kann bereichern: Die beiden Jünger treffen einen Fremden, der ihnen den Tod Jesu deutet, der ihnen die Schrift auslegt, der ihnen die Schrift öffnet, das heißt einen Verständnisweg erschließt. – Er macht das so, dass ihnen ihr Herz brennt, der ein Feuer anzündet, sie begeistert ... Auch das ist ein Aspekt der Geschichte, den wir nicht vergessen sollten: Fremdheit eines anderen Menschen muss nicht Skepsis, Argwohn, Angst oder Feindlichkeit auslösen. – Begegnungen mit Fremden können unseren Horizont erweitern ... Deshalb: *„Bleibe bei uns; denn es will Abend werden, und der Tag hat sich geneigt"* – das ist eine Einladung, gerichtet an einen Fremden, den die beiden Jünger unterwegs kennen gelernt haben und mit dem sie nichts anders verbindet als ein gemeinsames interessantes Gespräch...

Für uns als Leser des Neuen Testaments ist der Auferstandene als Fremdling ein Bote aus einer anderen Welt, aus der neuen Welt Gottes ... Deshalb wirkt der Auferstandene fremd in der Welt, die ihn ausgelöscht und getötet hat ... Die Auferstehung ist eine fremde Botschaft in unserer Welt, in der der Tod eine so große Realität hat...

Noch sind die Jünger gefangen in ihrer Trauer, sie haben ihre Hoffnung und einen Freund begraben ... Wie viele Hoffnungen muss ein Mensch verlieren, bevor er keine mehr anschaut? – Die verblichene Hoffnung wird so dann und wann gepflegt, bei einem guten Rotwein ... einem guten Buch ... Blumen werden ans Grab gestellt...

Nähe hilft, ... deshalb: *„bleibe bei uns"* ... Was würde ich erbitten, wenn ich bitten müsste? – Irgendwann müssen wir alle bitten, dass man uns die Kissen aufschüttelt, uns die Tasse reicht, die Krücken bringt und den Rollstuhl holt ... *„Bleibe bei uns, denn es will Abend werden, und der Tag hat sich geneigt"*: Die Bitte aller Bitten ums Dableiben, nicht allein gelassen werden, ... eine Hand, eine Stimme am Abend des Tages, - am Abend des Lebens, - am Abend der Welt. –

So viele Erinnerungen gibt es noch zu teilen, so viel gemeinsame Geschichte, so viel verschüttete Sehnsucht, so viel Hunger aufs Leben. – Und es geschah, so berichtet Lukas im 24. Kapitel: *„als er mit ihnen zu Tisch saß, nahm er das Brot, dankte, brach's und gab's ihnen"*. – *„Da wurden ihre Augen geöffnet, und sie erkannten ihn"*. – Wie lange dauert eine Sekunde? – Eine Sekunde, in der aus dem Gast, der Gastgeber wird ... Eine Sekunde, in der die Hoffnungslosigkeit der Gäste wie ein Kartenhaus zusammenstürzt ... Eine Sekunde, in der sich die wüste Welt als blühender Garten entpuppt ... Eine Sekunde bevor das Gelächter losbricht, das Osterlachen, bei dem sich die Engel bis in die hintersten Winkel des Himmels die Lachtränen aus den Augen wischen...

Wir sehen die Emmausjünger, wie sie durch die Tür des erleuchteten Hauses hinausstolpern in die Nacht, wie aus einem finstern Wald auf die Lichtung ... riesig ist diese Lichtung in dieser Nacht und bestirnt, wie ihre Herzen...

Etwas anderes hätten sie nicht sagen können, wären sie gefragt worden, wie der Auferstandene denn nun ausgesehen hat, bevor er verschwand ... Wie er das Brot brach, konnten sie erzählen ... Wie er auf dem Tisch aufstrahlte als der, der er war und ist und sein wird ... Sein Gesicht hat sich keiner gemerkt ... Der am Kreuz hing, hatte eins ... Der Auferstandene hat viele...

Die Geschichte spricht von der Auferstehung wie von einer Ahnung: Kaum, dass die beiden Jünger Jesus erkannt haben, ist er auch schon wieder weg ... Der Auferstandene lässt sich nicht festhalten ... Er entzieht sich – eigentlich auch unserem Verstehen und Begreifen.

Trotzdem: Die Geschichte ist auch Ermutigung für uns:
Da wo die Realität der Auferstehung aufblitzt,
wo wir eine Ahnung von Gottes neuer Welt bekommen,
hilft uns das,
dem Dunkel, der Gefahr
und der Todesrealität in unserer Welt
ins Auge zu sehen
und trotzdem aufzustehen
und ihr etwas entgegenzusetzen:
die Botschaft,
dass Gott das Leben will
für seine Welt
und für alle Menschen.
Dir und Ihnen frohe Ostern. – Amen.

30. April 2022 – …

„Ich bin der gute Hirte", sagt Jesus, so wird es im Evangelium nach Johannes überliefert: *„Ich bin das Brot des Lebens." „Ich bin die Auferstehung und das Leben."* – Es ist Sinnbild für das Paradies, für das Leben.

„Ich bin der gute Hirte" … das ist eine Botschaft, die quer steht zu allem, was auch bei uns und in uns gegen das Leben steht: gegen den sich zu allen hin abschottenden, rücksichtslosen Egoismus, gegen die Vereinsamung der Schwachen und, gegen die Arroganz, mit der einer festgelegen möchte, was für einen Anderen, vielleicht für ein ganzes Volk, gut sei.

„Ich bin der gute Hirte und kenne die Meinen und die Meinen kennen mich."

Die Lebensbotschaft klingt nüchtern: ich *„kenne"* die Meinen. Für ihn ist jeder von uns mehr als eine Nummer, mehr auch als ein gehorsames Schaf. – Das macht Mut auf unserem Weg.

„Ich bin der gute Hirte" – das ist auch Anfang einer Beziehungsgeschichte, einer Geschichte, die für mich Christsein zur Lebenskraft werden lässt.

Das *„Kennen"*, von dem Jesus spricht, ist als ein „Erkennen der Liebe" gemeint … Liebe hat nichts mit Zwang zu tun: *„Sie eifert nicht, sie treibt nicht Mutwillen, sie bläht sich nicht auf."* (1Kor 13,4).

Liebe ist nicht denkbar, ohne die Freiheit des anderen zu respektieren … das gilt auch für die Freiheit der Schafe … Die Schafe des Guten Hirten sind eben <u>keine</u> *„Schafe"*.

Für diesen Gedanken hat Dorothee Sölle geworben … Eine sensible, streitbare Theologin, eine Kämpferin aus Liebe. Immer wieder hat sie um eine Interpretation der Grundsymbole des

Glaubens für unsere heutige Zeit gerungen. In einem ihrer ersten theologischen Bücher sprach sie von Christus als dem „guten Lehrer". Ein guter Lehrer ist wie der „Gute Hirte", der die Schüler nicht an sich bindet, sondern ihnen Lern- und Lebenschancen eröffnet, damit sie frei und selbständig werden. In ihren Lebenserinnerungen schrieb sie von ihrem eigenen Lehrer: „Ich gehe davon aus, dass er mich nicht belügt, weder im gut gemeinten Lob, noch im gleichgültigen, zornfreien Tadel. Ich kann mich darauf verlassen, dass er mich lehren will, und mir das, was er ist, geben will."[9]

„Ich bin der gute Hirte" ... Diese Aussage kann Mut machen, gegen Unrecht aufzustehen, so wie es die Theologen der bekennenden Kirche gegen den Führer-Kult der „Deutschen Christen" getan haben.

Einer der Theologen der bekennenden Kirche, Martin Niemöller, hat als alter Mann in einem Fernsehfilm einen Satz erzählt, der schließlich zum Filmtitel wurde: „Was würde Jesus dazu sagen?" – Das sei für ihn zum Lebensmotto geworden, zum Maßstab seines Handelns, seines Denkens.

So viel Mut, wie damals, ist heute nicht erforderlich, umso leichter sollte es uns fallen, Böses beim Namen und gegen Gott gerichtet zu benennen ... Es ist Sünde, getrennt von Gott, wenn der russisch-orthodoxe Patriarch Kyrill, russische Soldat zur Erfüllung ihres Eides und zum Kampf gegen die Ukraine aufruft ... Es ist Sünde, wenn wir zulassen, dass Menschen auf der Flucht im Mittelmeer ertrinken. –

---

[9] Sölle, Dorothee, in: https://www.sonntagsblatt.de/artikel/menschen/dorothe-soelle-kann-man-atheistisch-gott-glauben (28. August 2024)

Ich bin, verrät Jesus im Johannesevangelium, der guter Hirte, ich bin Brot des Lebens, wahrer Weinstock, Licht der Welt, Tür, Weg, Wahrheit, Auferstehung und Leben.

Auch diese Worte sind Bilder von behütetem, sattem, an der Gottquelle wurzelndem Leben: hell, offen, wahrhaftig und unzerstörbar ... so fühlt sich das Leben an, in das dieser gute Hirte führt.

Das ‚bin' des guten Hirten, das Wesen dieses Schäfers ist nicht aus dem Stoff dieser Welt, in der die scheinbar Starken, die mit den markigsten Sprüchen, die Hirten-, die Führungs-Positionen einnehmen.

„*Der gute Hirte*" – sagt Jesus – „*lässt sein Leben für seine Schafe*". Er riskiert sein Leben, um die Schafe vor dem Wolf zu schützen. Er zeichnet sich aus durch Hingabe an Gott, durch eine Schwäche für den Gott, der Vater aller Menschen ist und es mütterlich regnen lässt über Gerechte und Ungerechte und seine Sonne aufgehen über Böse und Gute.

Das Heil des guten Hirten gilt allen Menschen.

„*Ich bin der gute Hirte und kenne die Meinen und die Meinen kennen mich ... Meine Schafe hören meine Stimme, und ich kenne sie ...*"

Gekannt sein, erkannt und verstanden werden – Ich denke, das wünschen sich alle Menschen: Jemanden, der zuhört, versteht, einen mit Einfühlungsvermögen, mit Zuwendungsfähigkeit, einen, an den sich andere Menschen wenden können ... ein Leben: behütet, satt, an der Gott-Quelle wurzelnd. Hell, offen, wahrhaftig und unzerstörbar...

Wie das aussehen kann, erzählt Dorothee Sölle mit einer kleinen Geschichte, die ich von ihr vor einigen Jahren in der Elisabethkirche in Marburg gehört habe.

Sie sollte einen Beitrag zu dem Thema geben: was ist wichtig im Leben. Dorothee Sölle schreibt an ihre Enkelkinder: „Eins von Euch, ich glaube, es war Caroline, hat mal beim Besuch einer scheußlichen Kirche, in die wir Euch immer bei Reisen schleppten, trocken gesagt: ‚Ist kein Gott drin‘. Genau das soll in Eurem Leben nicht so sein, es soll ‚Gott drin sein‘, am Meer und in den Wolken, in der Kerze, in der Musik und natürlich, in der Liebe.“[10] – Dir und Ihnen wünsche ich ein Leben, in dem Gott drin ist. – Amen.

---

[10] Sölle, Dorothee, in: https://www.kirchengemeinde-ans-gar.net/redaktion/websites/predigttext/2018_07_22_Sommerreihe_Soelle.pdf (28. August 2024)

11. AM ANFANG WAR DAS STAUNEN

7. Mai 2022 – 1. Mose 1

Sicherlich kennst du, kennen Sie die Schöpfungsgeschichte der Bibel, jenen Bericht von der Erschaffung der Welt in sechs Arbeitsschritten plus Ruhepause ... In seiner ersten Wirkung auf uns, mutet er womöglich an, wie die Aufbauanleitung für den IKEA-Schrank der Modellserie „Björn": Starke Bilder, aber schwache Erklärungen ... Auf den ersten Blick erscheint alles einfach und klar, ... wenn wir genauer hinsehen, passen die Elemente nicht recht zusammen... (Eigenaufbau ausgeschlossen!) Mit den modernen Wissenschaften, der Astrophysik oder den Erkenntnissen der Evolutionslehre kann diese eisenzeitliche Grobskizze jedenfalls nicht mithalten.

Aber darum geht es auch gar nicht ... ging es nie ... die Welt ist kein IKEA-Schrank ... Wir müssen sie nicht nachbauen, noch nicht einmal vollständig verstehen, ... es reicht, in ihr zurechtzukommen und vernünftig mit ihr umzugehen ... Wir müssen lernen, uns selbst zu verstehen, unsere Rolle als Geschöpfe in dieser Welt, denen Gott eine Aufgabe zugedacht hat ... und ein Ziel.

Der Schöpfungsbericht war von einem Priester im Exil in Babylon aufgeschrieben worden. Er war aus Jerusalem vertrieben ... Ich stelle mir vor, dass der Verfasser dieses antiken Schöpfungsdramas ein tiefgründiger Mensch war, ... einer, der sich Gedanken machte über die Welt, das Leben der Menschen und Tiere und wie alles zusammenhängt ... Er wollte verstehen, ... Antwort finden auf die ewigen Fragen nach dem Woher und Wohin des Lebens, ... dem Sinn allen Mühens und dem Urheber der Gesetze des Werdens und Vergehens auf dieser Welt ... vielleicht betrachtet er in Babylon den nächtlichen

Sternenhimmel, ... mag sein, dass er gestaunt hat: „Gott, ist das schön! ... *Am Anfang schuf GOTT Himmel und Erde!"* ... so seine Einsicht: Die scheinbar chaotische Unzahl der Sterne da draußen über uns, die Vielfalt und Fülle des Daseins auf dem weiten Erdkreis um uns herum ... bilden eine Einheit, eine klug gestaltete Ordnung (Kosmos) und wir alle sind ein Teil davon ... Gott hat mich gemacht und er hat etwas vor mit mir.

Am Anfang war das Staunen ... Staunen über Gott ... und Beginn aller Selbsterkenntnis: Ich staune, also bin ich.

Wohl jeder kennt solche besonderen Momente, in denen ihm / ihr - vielleicht unter dem gestirnten Himmel einer lauen Mainacht - auf einmal alles klar wird, ... dass das Leben eingebunden ist in Gott: Du, Gott, bist da, und du siehst mich, inmitten der unendlichen Weite des Daseins um mich herum, machst mich zu deinem Gegenüber ... zum Ebenbild Gottes ...und alles wird gut.

Das sind besondere Momente des Staunens ... Augenblicke, in denen wir uns selbst erkennen - wer wir sind und wozu wir da sind - im Angesicht Gottes, der uns gemacht hat. – Staunen ist mehr als Erkennen ... staunen bedeutet Erleben ... aber es ist nicht leicht, davon zu reden...

Im biblischen Schöpfungsbericht ist das Staunen bewahrt, der besondere Moment, in dem einem plötzlich klar werden kann - auch ohne wissenschaftliche Beweisführung - wer wir sind und welchen Sinn unser Dasein hat ... Am Anfang ist immer das Staunen ... Schöpfungswunder der Seele und Beginn allen Trostes...

Der Schöpfungsbericht der Bibel ist keine wissenschaftliche Beschreibung der Entstehung der Welt, ... vielleicht macht ihn gerade das für uns denk- und erlebbar, dass allen Geschöpfen - also auch uns - eine Rolle und Aufgabe zugewiesen ist im

Drama des Werdens und Vergehens auf dieser Welt und darüber hinaus...

„Herr, unser Herrscher, ... wenn ich sehe die Himmel, deiner Hände Werk, ... was ist der Mensch, dass du seiner gedenkst ... Du hast ihn zum Herrn gemacht über deiner Hände Werk...“ (aus Psalm 8) So jubelt der Beter des achten Psalms - offenbar ein Kollege unseres jungen Priesters - im Rausch der Erfahrung des eigenen Wertes vor Gott.

Übersetzt heißt das: Wir sind Gewinner ... Wir haben das große Los gezogen, mit unserer Geburt haben wir das Los des Lebens ... herzlichen Glückwunsch ... wir sind gewollt ... Wir sind nicht bloß irgendwie entstanden, wir sind von Gott auf ein Ziel hin geschaffen worden ... hin auf den „siebten Tag“ ... das große sprachliche Bild für die Vollendung der Schöpfung, ... wenn alles ruht in Gott.

Zum Staunen gibt es viel ... und zum Jubeln. Jörg Zink sagt: „Wenn ich die Großartigkeit und Schönheit dieser Erde und des Universums betrachte, dann möchte ich fast sagen: Gott singt die Welt aus sich heraus“ ... Die Welt ist ein großer Reigentanz sagen die alten Kirchenväter ... „Sie ist eine große Musik“, sagt Kepler[11] ... das heißt doch: Wenn wir singen, dann versuchen wir dieses Singen Gottes aufzunehmen und ihm auf unsere Weise zu antworten.

Woher kommt die Welt? – Im Anfang war nicht der Zufall, am Anfang war nicht die blinde Energie ... Am Anfang war der Geist ... Geist in Gott ... denkender Geist ... gestaltender Geist, liebender Geist ... Am Anfang sprach Gott ein Wort ... sein Geist wurde sichtbar in Himmel und Erde, fassbar in einer Welt und ihren Gesetzen, ... nahm einen Leib an, wurde greifbar in den

---

[11] vgl: https://musikphilosophie.ch/?page_id=416 (28. August 2024)

Dingen. – Das Wort war nicht nur am Anfang. Es ist noch immer die schaffende Kraft. Es ist noch immer das geheime Wesen der Dinge ... Er spricht sich noch immer aus ... auch im nachdenkenden Geist des Menschen.

Am Anfang auch unseres eigenen Lebens war und ist der schaffende Geist Gottes ... Wir alle kommen aus seiner Kraft, aus seiner gestaltenden Kunst. – Der Sinn unseres Weges durch dieses seltsame, manchmal verworrene und schwere Leben ist noch immer: die leise Stimme des schaffenden Geistes zu hören und ihr Antwort zu geben ... Ihr unser Ja zu sagen ... ein erfülltes Leben zu ermöglichen, ... bedrohtes Leben zu schützen. – Das gilt für alle Menschen, für Kinder, Menschen auf der Flucht und Kriegsopfer...

So kommen das Wesen und das Geheimnis allen Menschenlebens ans Licht: wir sind geschaffen zu seinem Gegenüber, das ihn hört und ihm antwortet ... So loben wir Gott, der aus Finsternis Licht, aus Tod Leben schafft ... Er hat es am Anfang getan ... Er hat es in der Mitte der Zeit getan ... Er wird es am Ende aller Zeit tun. – Darauf verlassen wir uns. Darauf gründet unsere Hoffnung für andere und für uns ... darauf wollen wir mit unserem Wort und Lied Antwort sein. – Amen.

12. GEH AUS MEIN HERZ

15. Mai 2022 – Kantate

„Geh aus mein Herz und suche Freud" – ein Lied wie ein Wasserfall voll Freude, nicht leerzusingen – eine Seelenhymne ... wann haben Sie, hast du es zuletzt gesungen? –

Singen tut uns gut ... Lieder sind, so sagt Fulbert Steffensky, die Muttersprache des Dankes. „Der Dank tanzt - darum kommt er mit der gewöhnlichen Sprache nicht aus. Im Lied umtanzt er die Güte, die ihn geboren hat. Die Lieder gehen mit unserem Herzen durch, wie manchmal ein junges Kalb mit dem Hirtenbuben durchgeht. In den Liedern kann unser Mund oft viel mehr, als unser Herz schon kann. Und manchmal schleifen die Lieder das müde Herz hinter sich her, bis es wieder auf den eigenen Beinen stehen kann."[12]

In der Poesie des Singens sind wir uns selbst voraus - unseren Einsichten, unseren Argumenten, unserem Zwiespalt und unserem Zweifel ... beim Singen greifen wir manchmal voraus, was wir noch gar nicht glauben können. Nach Steffensky geraten wir in der Musik und mit den Liedern in den Bereich der Schönheit ... „Schönheit heilt."

„Geh aus mein Herz" beschreibt die Welt im Zustand der Gnade ... Natürlich wissen wir: Verwundungen, Naturkatastrophen und Ozonloch, sind da. – Doch wir brauchen das schöne Bild, damit wir Beschenktsein und Veranwortlichsein wieder spüren.

Mutter Erde ist überfordert von ihren gierigen, maßlosen Kindern, die ruppig und gar nicht fürsorglich umgehen mit den Schätzen der Natur ... Uns müssen erst wieder die Augen

---

[12] Steffensky, Fulbert, Der Schatz im Acker, Seite 92f.

ausgewaschen werden von der noch vorhandenen Schönheit der Welt, damit wir von diesem Naturverderben loskommen ... Uns muss das Gehirn freigeräumt werden von dem Wahn, dass nur was einen Kaufpreis hat, was wert sei. Die Verwandlung von Natur in Ware und von Ware in Abfall müssen wir bremsen ... in der 2600 Jahre alten Schöpfungsgeschichte ist der Auftrag, die Erde zu bebauen und zu bewahren.

Darum: „Geh aus mein Herz und suche Freud" ... Lange Wege vorbei an Feldern und Gärten, durch Landschaften, über Berg und Tal, an Seen und Flüssen entlang, also mit Natur leben, jedenfalls so oft wie möglich ... so erfahren wir mehr über das Zusammengehören aller Dinge.

„Geh aus mein Herz und suche Freud an deines Gottes Gaben" das lockt: komm, schau, staune, fühle, ... nimm die Augenweide wahr, die prachtvolle Erde und das große Meer, ... Spiegel von ewig Gültigem ... Der Himmel wie eine große Schale, in der auch du geborgen bist. - Unser Weg durch den Wald und an Feld und Wiesen zeigt uns die Schönheit der Natur, lässt uns Gottes Schöpfung sehen, riechen und bestaunen ... Du kannst nicht anders als davon zu singen und zu loben ... Das stärkt deine Seele, entfaltet dich.

Düfte, Formen, Farben sind für uns erfunden. Die Welt hat sich geschmückt für dich. – So wichtig sind wir, bist Du: Du bist's auf den hin die Welt schön gemacht ist ... deinetwegen, weil Gott dich liebt ... Damit du dir Freude von ihm pflückst, hat Gott die Welt zu seinem Schmuckstück gemacht.

Dafür können wir Gott danken, jedenfalls Echo geben. – Wenn wir die Schöpfung und ihre Schönheit wahrnehmen, ehren und loben wir auch den Erfinder und Betreiber von allem. – Pflanzen und Tiere geben die Ehre durch ihr Sosein ... Wir durch unser Vergleichen, durch Staunen, durch Mittun und Danken, Verstehen und unser Singen.

„Schau an der schönen Gärten Zier", tatsächlich ... das Land anschauen, seine Pflanzen und Tiere, und darüber die Wolkenschiffe „das erweckt alle Sinne". Ich werde selbst intensiver ich, entdecke mich wieder als ein beseelter Teil der Schöpfung, der staunt, lobt, dankt ... nicht ein Klotz und Trampel, sondern Sänger des Gelingens.

Die Schöpfung ist auch ein Versprechen für weiteres. *„Siehe, sehr gut"* sagt der Schöpfer in der Bildergeschichte vom Anfang ... Sehr gut für Weiteres ... Jedenfalls, wenn wir sterben, sind wir nicht abgefunden in unseren Wünschen ... Wir sind gerade erst mal auf den Geschmack gebracht worden an der Liebe, an der Schönheit, an Freude, an Gott ... sind sehnsüchtig nicht nur nach Schluss, sondern nach reichem Himmelszelt und güldenem Schloss.

Jeder darf sein Traumbild vom Himmel selbst ausmalen. – Die Augen werden uns sowieso übergehen von Gott, der mit allem eins ist und uns in ein Lieben taucht, in dem wir beim andern sind und bei uns selbst; wo wir ineinander übergehen und doch Gegenüber bleiben; ... Töne bleiben wir in Gottes Symphonie, die ewig klingt.

Jetzt ist Ouvertüre, Anzahlung, Entwurf, Vorspeise ... Wenn nun der Anfang, wenn dieses manchmal mühsame Leben schon schön ist, dass es uns immer zu kurz ist, und wenn wir am Schönen hier, obwohl es nur Vorschau ist, uns nicht satt sehen können – wie viel schöner und wunderbarer wird, was Gott noch mit uns vorhat. – Nehmen wir mit Kaschnitz' Worten „die Blüte irdischer Liebe zum Pfand fürs Reich des Geiste und der Güte." (Gedicht: Maß der Liebe) Und Gott(?), ... ja „mach in mir deinem Geiste Raum!"

Gesang hilft: In einer jüdischen Psalmenauslegung heißt es:
„Die Welt wird erst sichtbar, wo sie besungen wird. Und wir
werden erst glücklich, wenn wir mitsingen."

Singen ist im besten Sinne ansteckend ... Mit Musik können
wir leichter als mit Worten unsere Freude unseren Dank ausdrücken ... Wenn wir singen, wird unser Leben reicher, weil wir
es mit anderen teilen ... So entdecken wir im Singen Leben und
erleben Freude – es ist Gottes Geschenk an uns. – Amen.

13. FURCHT VOR REGENTROPFEN

29. Mai 2022 – Johannes 7, 37-39

Wasser brauchen wir zum Leben, das gilt für Pflanzen, Tiere, Menschen ... Wenn Wasser fehlt, vertrocknet die Erde und bleibt unfruchtbar. Wir spüren Durst: Je länger der Wassermangel dauert, desto quälender wird der Durst und um so lauter der Schrei nach Leben...

Wasser tut gut, ermöglicht Leben, aber bei Hochwasser ist das Leben bedroht, das wissen nicht nur Menschen im Ahrtal ... einen anderen Zusammenhang stellt Bertolt Brecht in dem kurzen Gedicht „Morgens und abends zu lesen"[13] her.

Der, den ich liebe

Hat mir gesagt

Dass er mich braucht.

Darum

Gebe ich auf mich acht

Sehe auf meinen Weg und

Fürchte mich vor jedem Regentropfen

Dass er mich erschlagen könnte.

Ein seltsamer Zusammenhang wird hier behauptet zwischen Liebe und Regentropfen, Wasser ... Die Liebe ist ein Gefühl, eine Lebenseinstellung, eine Haltung, Begegnung, Entscheidung für einen Partner (oder eine Partnerin), Beziehung ... Wasser ist eine chemische Verbindung, ein Nahrungsmittel, ein Durstlöscher ... Liebe ist Zärtlichkeit, Zuneigung, Ekstase, Einfühlungsvermögen, nachhaltiges Zusammenleben ... Wasser – das sind Eisberge, Stürme, Quellen, Teiche, Stromschnellen,

---

[13] Brecht, Bertold, *Gedichte über die Liebe.* Ausgewählt von Werner Hecht, 1. Auflage, Suhrkamp, Frankfurt am Main 1994, S. 143

Gewitterschauer und Brandungswellen ... Wasser und Liebe zusammen gehen eine eigenartige Liaison ein, eine chemische Verbindung von Gefühl und Getränk.

In einem Musical singt Gene Kelly: „Liebe schützt vor Regentropfen, auch ohne Regenschirm" ... Bertolt Brecht schreibt: Wer geliebt wird, fürchtet sich vor Regentropfen ... Jesus im Evangelium nach Johannes sagt: *„Wer glaubt und liebt, der wird sein wie ein strömendes Wasser."*

Die Bibel ist voller Wasserstraßen, Wasserflüssen und Wassergeschichten: Im Jordan wird Jesus getauft. - Am See Genezareth lässt er Fische fangen. - Am Teich Bethesda heilt er Kranke. - Am Fluß Jabbok kämpft der Erzvater Jakob mit einem Unbekannten, der ihn schließlich segnet. - Am Brunnen lernt er zuvor seine Frau Rebekka kennen, an einem anderen Brunnen lernte Mose seine Frau Zippora kennen und am anderen Brunnen spricht Jesus mit der samaritanischen Frau. - Die Bibel ist sozusagen vollständig ver- und bewässert.

Am Anfang der Bibel heißt es: *„Und die Erde war wüst und leer, und es war finster auf der Tiefe; und der Geist Gottes schwebte auf dem Wasser"* ... aus wüstem und leerem Land, aus Wasser und dem Geist Gottes macht Gott die Schöpfung ... In der Offenbarung heißt es: *„Und wen dürstet, der komme; und wer da will, der nehme das Wasser des Lebens umsonst."* (Apk 22,17)

Am Anfang der Welt: Wasser und am Ende der Welt: Wasser ... Die Autoren der Bibel beschreiben, wie Gott die Welt verwandelt. – Wasser des Lebens ist ein Bild für diese Verwandlung: Wasser stillt den Durst ... Wasser ist formlos, wandelbar. Es ist flüssig, deshalb passt es sich allen anderen Formen an.

Über das Wasser denkt auch der Evangelist Johannes nach ... Christus sagt: *„Wen da dürstet, der komme zu mir und trinke!*

Wer an mich glaubt, wie die Schrift sagt, von dessen Leib werden Ströme lebendigen Wassers fließen." – Eine Einladung zum Glauben ... Es geht nicht um den Durst nach Trinkwasser, - der tiefere Durst ist gemeint, die Sehnsucht, die Menschen in ihrem Inneren bewegt, dass sich Hunger und Durst auf Leben erfüllt ... zum Ziel kommt.

Unser Durst und Hunger nach Leben ist letztlich die Suche nach Gemeinschaft mit anderen Menschen, nach Liebe, Anerkennung, Geborgenheit und Frieden.

Unser tiefstes Bedürfnis, glaube ich, liegt im Empfangen und Teilhaben ... Hunger und Durst auf Leben ist Suche nach Geborgenheit, Liebe und Anerkennung ... Werden Menschen von anderen Menschen oder vom Leben, vom Hunger auf Leben abgeschnitten, wenn sie nicht einmal mehr den Hunger spüren, wird die Seele krank und braucht das Wasser des Lebens. – Solches Wasser können auch unsere Tränen sein, sie machen die Seele stark.

Dorothee Sölle schreibt dazu[14]: Ohne Tränen sein, das bedeutet, in einer ausdrucksarmen und gefühlsunfähigen Kultur zu leben. Wir verleugnen das Bedürfnis nach dem Geist, der tröstet und zur Wahrheit führt, wir bilden uns ein, wir könnten ohne Geist leben, ohne ausgedrückten Schmerz und ohne Trost. Wir haben die Bitte um die Gabe der Tränen vergessen. Sie schreibt ein Gedicht, das auch Gebet ist:

---

[14] Sölle, Dorothee, Das Fenster der Verwundbarkeit, Kreuzverlag 1982, Seite 234-235

gib mir die gabe der tränen gott

gib mir die gabe der sprache

reinige mich vom verschweigen

gib mir die wörter den neben mir zu erreichen

...

gib mir das wasser des lebens.

Der Geist Gottes schafft Leben, lässt Menschen zu Strömen lebendigen Wassers werden ... Das ruft uns in unserer Verantwortung für unsere verdurstende Welt. *„Das Wasser des Lebens"* gibt uns Kraft, in den privaten und öffentlichen Auseinandersetzungen und Konflikten das zu tun, was dem Frieden dient - dass gilt im Privaten ebenso wie in dem Krieg in den Russland die Ukraine getrieben hat - und es gilt für unserem Umgang mit Flüchtlingen: - Wo die Lebensgüter knapp sind, da können wir sie mit anderen teilen. - Wo Hass das Leben bestimmt, hilft die Begegnung ... Das gilt auch, wenn unterschiedliche Religionen, Ethnien und soziale Schichten ins Gespräch kommen. Dann fließen vielleicht auch Tränen der Befreiung, aber sie sind Wasser des Lebens ... Verhärtung weicht auf.

Gottes Barmherzigkeit lebt aus der Überfülle ... Im Heiligen Geist schenkt er Ströme lebendigen Wassers ... portionieren lässt sich das nicht. – Gut, wenn wir solche Strömungen spüren, ihnen folgen, wenn in ihnen Gottes Barmherzigkeit und Gnade zum Ausdruck kommt ... Der Geist ist Tränen, Brandungswelle oder Regenschauer, - aber nicht Wassertropfen ... Dir und Ihnen wünsche ich, dass du / Sie Gottes Barmherzigkeit spüren und folgen können.

Wer ihm glaubt und folgt, den erschlägt kein Regentropfen. – Amen.

14. KRAFTVOLL UND LEICHT

6. Juni 2022 – 4. Mose 11

Menschen sind müde, fühlen sich gelähmt: der Klimawandel bedroht das Leben, Corona hat unser Leben und die Begegnungen eingeschränkt und der Krieg in der Ukraine führt vor Augen, wie bedroht die Friedensordnung in Europa ist.

Auch Mose ist müde. Er klagt im 4. Buch Mose im 11. Kapitel: *„Was bekümmerst du deinen Knecht? Und warum finde ich keine Gnade vor deinen Augen, dass du die Last dieses ganzen Volks auf mich legst?"*

Mose fühlt sich ausgebrannt, ... Geist-leer ... die Abwesenheit von Geist können wir auch beklagen - die es durchschauen, drohen zu verzweifeln -: Was für eine Gesellschaft, die ein fünftel Lebenszeit vor billigen Soaps verbringt, mit Surfen im Netz ... Was für eine Gesellschaft, die Fremden Arbeit zu Hungerlöhnen aufbürdet ... – faschistische Neigungen kehren zurück ... Was für eine Gesellschaft, die Gewachsenes aus dem Boden holt, veredelt und wieder wegwirft ... Räubermentalität ... Was für eine Gesellschaft, in der ein mittelmäßiger Fußballspieler in der 1. Liga mehr Geld bekommt als unsere Politiker, die die Verantwortung für ein ganzes Land tragen ... Was für eine Gesellschaft, der es wenig gelingt, Lust auf Kinder zu machen und die Alten angemessen zu pflegen, ... in der Gesundheit nicht als ein allen zugängliches Gut verstanden, sondern zunehmend als Ware verkauft wird. –

Das alles geschieht vor unseren Augen, das ist durchschaubar, Gott sei Dank ... Nicht zu reden von den unsichtbaren Geschäften auf dem Finanzmarkt, in den großen Waffengeschäften der Industrie. – Was für eine Kirche, die mit so vielem beschäftigt ist, aber vor allem mit sich selbst und ihrem Erhalt ... oder sich in Hyper-Aktivität oder in Innerlichkeit zurückzieht.

Schon vor 75 Jahren sagte St. Exupéry: „Es gibt nur ein Problem, ein einziges in der Welt. Wie kann man den Menschen eine geistige Bedeutung, eine geistige Unruhe wieder geben, auf sie niedertauen lassen, was einem Gregorianischem Gesang gleicht: Sehen Sie, man kann nicht nur leben von Eisschränken, von Politik, von Bilanzen und Kreuzworträtseln". –

Gott hilft demokratisch.

Mose ist müde, er kann und mag die Verantwortung nicht mehr tragen. Er weiß nichts anderes als sich bei Gott zu beschweren ... Gott erhört ihn.

Er nimmt den Geist, ... nicht den vom Himmel, ... vom Geist des Mose, von dem müden, klagenden und verzweifelten Mose und verteilt ihn auf 70 Männer, eigentlich auf 72 Männer, denn zwei sind noch im Zelt geblieben. 72 ... 6 mal 12 ... Der Geist des einen Verzweifelten reicht für 72...

Ist das nicht Seelsorge für jeden, der unter seiner Last ermüdet? – Zu Hause als Mutter oder Vater, als Chef, als Lehrerin, als Seelsorgerin? – Der Geist des einen kann immer noch 72 beleben...

Die Lösung in dieser Geschichte für den, der unter der Verantwortung zusammenbricht, ist demokratisch ... Verantwortung wird verteilt...

Es hilft, wenn eine oder einer anregt, ermutigt. Der und die sollte: - Dinge durchschauen, - die Wahrheit Gottes leben, - innerlich unabhängig sein ... für den Glauben einstehen ... vom gelingenden Leben erzählen können.

Im alten Israel sind es noch die Ältesten, im Neuen Testament sind es alle, Männer und Frauen, auch Du ... und Du und ich ... Die möglich Begeisterten.

Geistbegabte ziehen ins Gelobte Land.

Die, auf die der Geist kommt, sind entzückt. Sie tanzen ... entzuckt, die Zuckungen verlassen sie und münden in fließende Bewegungen des Tanzens ... Die meckernden Leute sind verkrampft ... Der Geist löst die Verkrampfung.

Ein Oberkirchenrat kommt auch noch in der Geschichte vor. Es ist Josua: Mose, *„wehre ihnen"*, sagt er ... Ekstatische Leute sind nicht gut für die Sache. Bringe Ihnen wieder diplomatische Formen bei, den Amtsträgern.

Aber Mose antwortet: *„Wollte Gott, dass alle im Volk des Herren Propheten wären und der Geist über sie käme"*. –

Ein Geist der Offenheit, der Wahrheit. Er bringt in Bewegung. Leute des Geistes haben alles, was sie brauchen ... und sie haben eine Vision, die über den Blick auf sich selbst hinausweist.

Die Geschichte von Mose und dem Volk in der Wüste endet nicht ohne Humor ... Er kommt und bringt Wachteln: Der Wüstenwind drückt den Schwarm zu Boden, da liegt das köstliche Fleisch ihnen zu Füßen. Das hebräische Wort *„ruach"* bedeutet Geist und Wind zugleich ... feinstes Geflügel ... die Menge reicht für einen Monat ... Die sich wild darauf stürzen und reinhauen, sterben an den kleinen Knochen und ersticken ... mit Gier lässt sich nicht leben.

Die Geistbegabten genießen und ziehen weiter ins Gelobte Land ... ich wünsche allen, dass die Schritte ins Land der Freiheit und Verheißung kraftvoll und leicht sind ... frohe Pfingsten. – Amen.

15. GOTT NAH UND FREMD

14. Juni 2022 – Jeremia 23,16-29

Kannst du, können Sie die wahren von den falschen Propheten unterscheiden ... Welches sind die falschen, welches sind die wahren Propheten? Wer lügt ... und wer sagt die Wahrheit? –

Lothar Zenetti fragt[15]:

Worauf sollen wir hören, sag uns worauf?

So viele Geräusche – welches ist wichtig?

So viele Beweise – welcher ist richtig?

So viele Reden – ein Wort ist wahr.

Wohin sollen wir gehen, sag uns wohin?

So viele Termine – welcher ist wichtig?

So viele Parolen – welche ist richtig?

So viele Straßen – ein Weg ist wahr.

An wen richten wir diese Fragen? - Von wem erwarten wir Antwort? ... Unsere Erfahrung sagt uns, dass einzelne Personen, die mit dem Anspruch auftreten, die Wahrheit gepachtet zu haben, gefährlich sind.

Auch die Unterscheidung zwischen dem wahren Wort Gottes und der Geschwätzigkeit im Namen Gottes war und ist nie leicht und eindeutig.

In der Regel versucht jeder, seine Meinung mit guten Gründen zu belegen und ist von seinem Standpunkt und seiner Wahrheit überzeugt ... Ob unsere Gedanken, unsere Position und unsere Lebensweise dem Willen Gottes entsprechen oder nur allein unseren Vorstellungen und Wünschen entspringen, ist eine schwierige Frage. Schöne Worte gibt es genug, aber mit unserem Tun zeigen wir, was wir glauben, hoffen, lieben...

---

[15] Zenetti, Lothar, in: Neukrichener Kalender 18.03.09

Der Prophet Jeremia misst unsere Worte und unser Tun am Wort Gottes ... Aber was ist das Wort Gottes? – Sind es die Zehn Gebote, die wir als Weisungen zum Leben kennen, die aber doch immer mehr an gesellschaftlicher Bedeutung verlieren? – Ist es die Bibel als Ganzes mit ihren vielen verschiedenen Texten, die man früher Heilige Schrift nannte?

Die Situationen des Lebens machen uns gelegentlich ratlos ... die Buchstaben der Bibel helfen nicht automatisch weiter ... Beides will in eine Beziehung gesetzt werden ... Die alten Texte wollen entschlüsselt, in ihrer Absicht verstanden werden ... unser Leben gilt es, im Licht des befreienden Evangeliums von Jesus Christus zu betrachten.

Der zeitgenössische Schriftsteller Arnim Juhre (QR-Code) warnt, wenn er mahnt: „Sing nicht so schnell dein Glaubenslied, sing nicht so laut, so grell..." ... bei Jeremia hören wir Gott sagen: *„Bin ich nur ein Gott, der nahe ist, und nicht auch ein Gott, der ferne ist?'* –

Jeder von uns hat wahrscheinlich sein ganz eigenes Bild von Gott, das im Lauf des Lebens gewachsen ist mit den Erfahrungen, die wir gemacht haben ... - für die eine ist Gott wie ein guter Vater, wie eine gute Mutter, ein guter Hirte ... - für den anderen eher wie ein Prinzip, eine Frage, eine Unruhe im Alltag, wie ein Stein, der ins Wasser fällt, wie eine offene Tür, wie die Hoffnung auf Gerechtigkeit, deutlich erkennbar an der Person Jesu und der gelebten Liebe .... als Kraft des Lebens. – Unabhängig davon wie wir uns Gott vorstellen, bleiben zwei Fragen: worauf wir unser Bild von Gott begründen, und wie unser Verhältnis zu ihm aussieht: eher distanziert, gelegentlich und auf Abstand, ... oder näher, oft und verbindlich.

„Gott ist gegenwärtig", singen wir in manchen Gottesdiensten ... sicher werden einige Menschen immer wieder die Gegenwart Gottes in ihrem Leben spüren können ... Trotzdem: stärker ist meist wohl eine andere Erfahrung, die viele machen und mit sich tragen: dass Gott ihnen fremd ist oder wird, - dass er zu Sorgen und Nöten schweigt, - dass kein klares Zeichen auf unsere Gebete erscheint, - dass lieben Menschen Böses widerfährt, - dass die Gerechtigkeit in der Welt auf der Strecke bleibt ... Wo bleibst du Trost der Welt? – Das ist die alte Frage nach dem ewigen Advent ... Wann kommt das Reich Gottes? Wann geht's endlich allen gut?

In den Texten der Bibel lese ich von der unendlichen Ferne Gottes und seiner unendlichen Liebe ... dass er größer ist als seine Schöpfung: Himmel und Erde, das Weltall und die Gezeiten ... dass er sich finden lässt im Kleinen wie im Großen ... dass er Jesus geschickt hat, damit wir ein Modell seiner Liebe vor Augen haben ... dass er ihn wieder auferweckt hat uns alles voran zum Zeichen ... dass seine Liebe das letzte Wort hat. – Trotzdem fällt es im Alltag schwer, das zusammen zu bringen, was wir als fernen und nahen Gott empfinden.

Gott redet durch den Propheten Jeremia. Die unterschiedlichen Seiten werden nicht bestritten ... Gott bleibt der andere, der sich meinen Bildern entzieht, den meine Vorstellungen nur dürftig erfassen, der mir manchmal nah und manchmal fremd ist. – Das macht das Leben nicht einfach. – Aber ein Gott, über den ich verfügen könnte wie über mein Sparbuch, ist ein Götze, ein selbstgeschaffenes Trugbild. –

Gott verkündet durch Jeremia: *„Es gibt keinen Ort, an dem ich nicht wäre"* ... dieser Satz hat etwas Beunruhigendes ... in der Geschichte und in der Gegenwart gibt viele schreckliche Orte: Auschwitz und Buchenwald, Hiroshima und Nagasaki, ...

die Stasi-Gefängnisse und die Schlachtfelder in der Ukraine ... und die Zimmer, in denen Frauen und Kinder misshandelt werden.

Dort scheint Gott meilenweit weg zu sein ... und doch ist er da ... selbst im jüdischen Ghetto von Warschau konnte ein Mensch an eine Hauswand schreiben: „Ich glaube an die Sonne, auch wenn sie nicht scheint. Ich glaube an die Liebe, auch wenn ich sie nicht spüre. Ich glaube an Gott, auch wenn ich ihn nicht sehe."[16]

Nach Jeremia lässt sich Gott finden ... trotz aller Katastrophen im Leben ... trotz aller Krisen und Zweifel. – Wir haben ein Gewissen, können die Fragen unseres Lebens bewegen und abwägen ... Wir können uns anderen mitteilen, - unseren Horizont erweitern, - Schwachstellen und Fehler erkennen, - der Wahrheit ins Auge schauen, - Falsches benennen und eingestehen ... und wir müssen nicht untergehen, wir werden neue Wege entdecken. – Gott findet uns, um uns weiterzubringen ... Er schlägt uns seine Liebe und seine Wahrheit nicht wie einen nassen Lappen um die Ohren, ... er hält uns seine Liebe und Wahrheit wie einen Mantel hin, in den wir hineinschlüpfen können ... So können wir mit anderen auch umgehen ... damit lässt sich leben. – Amen.

---

[16] vgl.: https://www.judentum-projekt.de/geschichte/nsverfolgung/deportation/ghetto.php (28. August 2024)

15. WIR SIND EINGELADEN

26. Juni 2022 – Matthäus 22, 1-14

Wenn wir das Gleichnis Jesu vom königlichen Gastmahl bei Matthäus im 22. Kapitel lesen, dann mag sich der eine oder die andere bestätigt fühlen: hier ist eine klare Trennung in „gut" und „böse", in „Freund" und „Feind" ... schlüssige Konsequenzen: die Mörder werden umgebracht, der unangemessen Gekleidete wird hinausgeworfen *„in die Finsternis"* ... eine klare, eindeutige Lösung.

So, wie es Erich Fried im Gedicht „die Maßnahmen"[17] schreibt:

Die Faulen werden geschlachtet

Die Welt wird fleißig

Die Hässlichen werden geschlachtet

Die Welt wird schön

Die Narren werden geschlachtet

die Welt wird weise

Die Kranken werden geschlachtet

die Welt wird gesund

Die Traurigen werden geschlachtet

die Welt wird lustig

Die Alten werden geschlachtet

die Welt wird jung

Die Feinde werden geschlachtet

die Welt wird freundlich

Die Bösen werden geschlachtet

die Welt wird gut

---

[17] *Fried, Erich: Befreiung von der Flucht. Gedichte und Gegengedichte.* Claassen Verlag, Hamburg 1968

Erich Fried war nicht gewalttätig ... er war ein wacher, kritischer Beobachter und Kommentator seiner Zeit ... Er enttarnt - hier den Hang zur Simplifizierung ... Einfache, eindeutige Lösungen, das scheint für viele der Schlüssel zu sein: Mordkommandos gegen Terroristen, die Kastration von Kinderschändern, Waffen zum Selbstschutz gegen Amokläufer oder Schnellgerichte für jugendliche Gewalttäter ... Es klingt so einfach...

Ein „schreckliches Evangelium"[18], hat Martin Luther dieses Gleichnis vom königlichen Gastmahl, in der Erzählung von Matthäus, genannt ... Darüber hat er nicht gerne gepredigt.

Bei Lukas steht das Gleichnis vom großen Festmahl und den Gästen, die nicht kommen, in einer anderen Fassung ... weniger blutrünstig ... da werden die Diener weder geschlagen noch getötet ... da schickt der König keine Soldaten, und kein Gast wird wieder hinausgeworfen.

Matthäus überzeichnet das Geschehen und verleiht dem Gleichnis damit eine erschreckende Schärfe ... Es geht nicht nur darum, bei einem Fest dabei zu sein oder nicht ... für Matthäus geht es bei der Einladung zum königlichen Hochzeitsfest um Leben und Tod.

Als der Evangelist Matthäus dieses Gleichnis aufschrieb, gab es schon große christliche Gemeinden. Wahrscheinlich waren diese Gemeinden auch damals schon nicht immer „ein Herz und eine Seele." Die Christen lebten außerhalb der Gemeinde in verschiedenen sozialen Gruppen: Juden, Griechen, Sklaven, Freie ... Normalerweise setzten sich Angehörige der verschiedenen Gruppen nicht an einen Tisch ... Warum sollten sie es nun in der christlichen Gemeinde tun? – Aber das war gerade das, was

---

[18] Luther, Martin, in: https://sketch-bibel.de/2020/10/27/das-koenigliche-festmahl-mt-221-14/ (28. August 2024)

verlangt wurde ... Durch die Taufe gehörten alle, unabhängig davon, wo sie herkamen, zur Gemeinde ... Die gemeinsame Mahlfeier der Gemeinde war für alle Christen da, genauso wie alle Christen zum Reich Gottes gehören sollten.

Dem Evangelisten Matthäus ist es wichtig, dass die Anhänger Jesu in und mit ihrem Leben die Freude über das Hereinbrechen des Reiches Gottes ausdrücken ... sie sollen Gerechtigkeit leben: *„Alles, was ihr wollt, was euch die Leute tun, das tut ihr ihnen"* (Matthäus 7,12), so zitiert Matthäus Jesus in der Bergpredigt.

Das Reich Gottes ist ein Geschenk, ... ein Geschenk, das wir nicht verdient haben, so wie echte Geschenke nie „verdient" sind ... Über dieses Geschenk können wir uns freuen, auch indem wir versuchen, unserem Glauben im Alltag Gestalt zu geben.

Es ist nicht leicht, diese Freude immer zu leben. Das Leben ist nicht immer fröhlich ... Es ist auch nicht leicht, immer allen Menschen Gutes zu tun, es tun auch nicht alle Menschen mir nur immer Gutes.

Das Fest findet unbedingt statt ... Der göttliche Gastgeber lässt sich die Laune nicht verderben ... Gott will Freude und Ausgelassenheit für seine Menschen. Er will, dass auch die satt werden, die sonst nicht zu Tisch geladen werden.

Die Gesellschaft als Tischgemeinschaft, so hat Peter Sloterdijk[19] die Pointe dieses Gleichnis einmal auf den Punkt gebracht. Die große Vision des Christentums ist es, dass alle Menschen der Gesellschaft an einem Tisch versammelt sind ... Niemand, der sich nicht selbst ausschließt, ist von dieser

---

[19] vgl. in: https://dspace.cuni.cz/bitstream/handle/ 20.500.11956/150273/130317873.pdf?sequence=1&isAllowed=y

Tischgemeinschaft ausgenommen ... Alle können miteinander essen und trinken, fröhlich sein und feiern.

(Huub Oosterhuis): „Es ist die Berufung einer Kirche, (die sich ‚evangelisch' nennt,) an der biblischen Vision einer neuen Welt festzuhalten: Befreiung aus der Sklaverei der Armut und einer Gesellschaft in Gerechtigkeit ... Damit ist Solidarität gemeint über alle Grenzen und Trennwände hinweg ... Von dieser Vision des „Königreichs Gottes" dürfen wir erzählen als Norm für jegliche Politik."[20] – Das heißt: Christen wollen eine andere Welt, als die, die uns täglich schmerzhaft vor Augen geführt wird.

Unser Leben / die Gesellschaft zeichnet sich vielfach durch verschlossene Türen aus ... Nur noch wenige sind geladen und gerade die, die unsere Hilfe brauchen werden abgewiesen ... wir feiern im kleinen Kreis und haben Angst, dass die köstlichen Speisen auf den Tischen nicht für alle reichen.

Aber: wir können Inseln des Reiches Gottes in unserer Welt schaffen und hoffen, dass von unten her unsere Welt verwandelt wird. – Deshalb erzählen wir von der Vision des „Königreichs Gottes" für alle Menschen ... vor einer menschenverachtenden Politik müssen wir nicht kapitulieren.

Das Gleichnis können wir als Auftrag verstehen, uns dafür einzusetzen, dass am Tisch unserer Gesellschaft alle, die wollen, auch einen Platz finden. – Amen.

---

[20] Huub Oosterhuis, in: https://www.ekd.de/290505_abschluss_kirchentag_oosterhuis.html (28. August 2024)

ANDERE BÜCHER DES AUTORS

Gedanken auf den 2. Blick: Spazier-
gänge und Betrachtungen, Band 1,
2023-2024

ISBN: 978-3758330070

Bei Spaziergängen in und um Seligen-
stadt sind die Fotos entstanden. Besondere Eindrücke sind eingefangen, das
reizvolle Spiel von Licht und Schatten
sowie Natur, die unserer Ordnung widersteht: Pflanzen, die
sich einen Weg aus Mauern ins Licht bahnen ... und Angefoch-
tenes, das zeigt, wie Pflanzen oder auch Menschen gebeugt,
aber nicht gebrochen werden ... Leben in und trotz Widrigkei-
ten.

Mut-Gedanken für jeden Tag 1-2024: Telefonandachten aus dem Jahr 2021, Band 1

ISBN: 978-3759766601

Kurze Andachten, die Mut machen, andere
Perspektiven öffnen.

Mut-Gedanken für jeden Tag 2-2024: Telefonandachten aus dem Jahr 2021, Band 2

ISBN: 978-3759768759

Der Gedanke, dass diese Aussage 365-mal
in der Bibel steht, für jeden Tag des Jahres
ein Mal, gefällt mir. Der Philosoph Janosch,
ein Kinderbuchautor, sagt: Mut müsst ihr
haben, ganz viel Mut. (Hasenkinder sind nicht dumm). Das
macht das Leben leichter.